FREMDSPRACHENTEXTE · LATEIN

Standardwortschatz Latein

Von Michael Mader
und Joanna Siemer

Reclam

RECLAMS UNIVERSAL-BIBLIOTHEK Nr. 19780
Alle Rechte vorbehalten
© 2010 Philipp Reclam jun. GmbH & Co. KG, Stuttgart
Gesamtherstellung: Reclam, Ditzingen. Printed in Germany 2015
RECLAM, UNIVERSAL-BIBLIOTHEK und
RECLAMS UNIVERSAL-BIBLIOTHEK sind eingetragene Marken
der Philipp Reclam jun. GmbH & Co. KG, Stuttgart
ISBN 978-3-15-019780-6

www.reclam.de

Inhalt

Einleitung	5
Zur Anlage des *Standardwortschatzes*	5
Hinweise zur Benutzung des *Standardwortschatzes*	8
Kleine Wortbildungslehre	11
Standardwortschatz Latein	21
Römische Zahlen	234
Zitatenregister	236
Namenverzeichnis	260

DISCIPULIS DISCIPULABUSQUE NOSTRIS

Einleitung

Zur Anlage des Standardwortschatzes

Die Beschäftigung mit dem lateinischen Wortschatz ist vor allem in dreierlei Hinsicht interessant:

Originallektüre. Um lateinische Originaltexte erschließen zu können, ist die Kenntnis der häufigsten Vokabeln, d. h. eines angemessenen Grundwortschatzes, vonnöten.

Lebendiges Latein. Dasselbe gilt für das Verständnis des bis heute originalen Lateins, das im Deutschen in Form berühmter Zitate sowie in zahlreichen Formeln und Floskeln lebendig ist; hier braucht man fallweise punktuelle Kenntnisse, die über einen reinen Grundwortschatz hinausgehen.

»Eurolatein«. Die so gewonnenen Vokabelkenntnisse sind wiederum eine Hilfe bei der Erschließung und Erweiterung des eigenen Wortschatzes, sei es des muttersprachlichen (in Form deutscher Lehn- und Fremdwörter), sei es im Hinblick auf andere europäische Sprachen, in denen der lateinische Wortschatz fortwirkt (das sind vor allem die romanischen Sprachen sowie das Englische).[1]

Der vorliegende *Standardwortschatz* von ca. 1900 Wörtern berücksichtigt alle drei Bereiche: Er umfasst – erstens – den eigentlichen Lektürewortschatz, darüber hinaus – zweitens – das Vokabular der aufgenommenen lateinischen Formulierungen und Zitate (neben den gängigen finden sich auch weniger bekannte, um den erhobenen Wortschatz möglichst reichhaltig zu illustrieren), und schließlich – drittens – soll dessen Fortwirken im Deutschen dokumentiert werden.

---

1 Vgl. Michael Mader, *Lateinische Wortkunde für Alt- und Neusprachler. Der lateinische Grundwortschatz im Italienischen, Spanischen, Französischen und Englischen*, 4. Aufl., unter Mitarb. von Joanna Siemer, Stuttgart 2008.

6   Einleitung

Aus den genannten drei Aspekten ergibt sich die übersichtliche doppelseitige Anordnung des Standardwortschatzes in vier Spalten:

Spalte 1   Lateinische Vokabeln
Spalte 2   Deutsche Bedeutungen
Spalte 3   Fortwirken im Deutschen
Spalte 4   Lateinische Zitate

Ad 1:   Alphabetische Anordnung
         Mit Hinweisen auf die Wort|bildung [Etymologie] und
         mit ▸Kontextbeispielen.
Ad 2:   Bedeutungsangaben
         In der Regel *kursiv*; nicht kursiv stehen etymologisch
         mit dem Lateinischen verwandte Angaben.
Ad 3:   Fremdwörter und Lehnwörter (*Lw*), zum Teil mit ▸Formeln und Floskeln
         Die über das Englische, Französische, Italienische oder
         Spanische vermittelten Fremdwörter sind nur dort
         (durch *E/F/I/S*) gekennzeichnet, wo man die Rechtschreibung oder Aussprache zu beachten hat.
Ad 4:   Zitate und sprichwörtliche Redensarten; semantische
         Reihen von Einzelwörtern
         Zur Auswahl der Zitate siehe oben. Viele semantische
         Reihen dienen der Orientierung in Raum und Zeit,
         z.B. *unde – ubi – quo* bzw. *ver – aestas – autumnus –
         hiems*; aber auch grammatikalische Strukturen, wie
         in *bonus – melior – optimus*, oder Semantisches, wie
         Antonymien (*vendere ↔ emere*) oder Wortfelder
         (»Siedlung«: *vicus - colonia - oppidum - urbs*), sind
         aufgenommen. Mehrfachnennungen dienen der Kontextuierung möglichst vieler lateinischer Vokabeln.

In dieser Kombination ermöglicht der Standardwortschatz einerseits zügiges Nachschlagen, andererseits lädt er zu vertiefender Sprachbetrachtung ein.

Zur Anlage des Standardwortschatzes   7

Im Standardwortschatz kommen fünf Prinzipien zur Geltung:

- das *alphabetische Prinzip* in Spalte 1;
- das *etymologische Prinzip* durch die graphische Absetzung sprachverwandter Wörtergruppen bzw. Wortfamilien; durch Verweise [in Klammern] innerhalb der Spalte 1; durch die horizontale Verbindung der Spalten 1 bis 3;
- das *kontextbezogene Prinzip* in den Spalten 1 (lateinischer Minimalkontext), 3 (Formeln und Floskeln) und 4 (Zitate);
- das *semantische Prinzip* durch die Wort- bzw. Sachfelder in den Spalten 1 und 3 (Antonymien) sowie 4 (semantische Reihen);
- das *Prinzip des in sich geschlossenen Verweisens*, indem sämtliche lateinischen Einträge mit Hilfe des Standardwortschatzes erschlossen werden können.

Dabei sind die Kontextbeispiele der Spalte 1 in Spalte 2 übersetzt. Die Formeln und Floskeln in Spalte 3 haben den Charakter von Fremdwörtern und werden wie diese nicht eigens erläutert. Die in Spalte 4 zitierten Sätze sind im alphabetischen Zitatenregister ins Deutsche übertragen und gegebenenfalls erläutert. Dabei erwähnte Namen sind zusätzlich zu den lateinisch zitierten Namen (der Spalten 3 und 4) im Namenverzeichnis erfasst, die einzelnen Zahlen noch einmal dargeboten im Zusammenhang des römischen Zahlensystems.

Der *Standardwortschatz Latein* dient als Bezugswortschatz für alle Textausgaben in der Reihe Reclams *Fremdsprachentexte Latein*.

8   *Einleitung*

Hinweise zur Benutzung des *Standardwortschatzes*

Abkürzungen

Abl	*Ablativ*
AcI	*Akkusativ mit Infinitiv*
Adv	*Adverb*
Akk	*Akkusativ*
Dat	*Dativ*
E	*Fw aus dem Englischen*
f	*femininum*
F.	*Fw aus dem Französischen*
Fw	*Fremdwort*
Gen	*Genitiv*
gr	*griechischen Ursprungs*
I	*Fw aus dem Italienischen*
Lw	*Lehnwort (= eingedeutschtes Fw)*
m	*maskulinum*
n	*neutrum*
Nom	*Nominativ*
Perf	*Perfekt*
Pl	*Plural*
Präp	*Präposition*
S	*Fw aus dem Spanischen*
Subst	*Substantiv*

Symbole

ā, ē, ī, ō, ū	*lange Vokale*
▸	*Kontextbeispiel/Formel bzw. Floskel*
|	*Wortfuge, hinter der eine andere Vokabel des Standardwortschatzes lautlich unverändert sichtbar ist*

Hinweise zur Benutzung 9

[ ]	*Hinweis auf Sprachverwandtschaft*
>	*geworden zu*
<	*entstanden aus*
~	*anderes Wort der Wortfamilie mit vergleichbarer Bedeutung*
↔	*Gegenteil*
→	*siehe unter*

Flexionsangaben

Substantive

Zu allen Substantiven sind Genitiv und Genus angegeben.

Adjektive

dreiendig: bonus, -a, -um = bonus *m*, bona *f*, bonum *n*
  celer, -eris, -ere = celer *m*, celeris *f*, celere *n*
zweiendig: brevis, -e = brevis *m/f*, breve *n*
einendig: vehemēns, -entis = vehemēns *m/f/n*, *Gen* vehementis

Verben

Die regelmäßigen Stammformen lassen sich folgendermaßen ergänzen:

a-, i- und e-Konjugation

amāre, am-ō, amāv-ī, amāt-um
hortārī, hort-or, hortāt-us sum
audīre, audi-ō, audīv-ī, audīt-um
potīrī, poti-or, potīt-us sum
monēre, mone-ō, monu-ī, monit-um
verērī, vere-or, verit-us sum

Konsonantische Konjugation

Die 1. Person Singular Präsens Aktiv ist zu ergänzen:
legere, leg-ō *bzw.* sequī, sequ-or

Bei den Komposita sind die Stammformen dann nicht eigens angegeben, wenn sie denen des Simplex entsprechen, z. B. ab|solvere *(siehe unter* solvere*).*

Gemischte Konjugation

Die Stammformen sind zur Unterscheidung von denen der konsonantischen Konjugation vollständig angeführt.

Kleine Wortbildungslehre

Im Blick auf gesicherte Vokabelkenntnisse ist die Beschäftigung mit der lateinischen Wortbildung in dreifacher Hinsicht attraktiv:

Aspekt I   Strukturierung des Wortschatzes
Aspekt II Erweiterung des Wortschatzes
Aspekt III Übertragung auf europäische Sprachen

Diese drei Aspekte lassen sich gut am Beispiel einer Wortfamilie (Grundwort **iūs**) erläutern, die in der Wortbildung und übrigens auch kulturgeschichtlich sehr produktiv war:

Ad I: Grundzüge der lateinischen Wortbildung

Eine Wortfamilie besteht aus Wörtern, die sich von ein und demselben Wort bzw. Wortstamm herleiten. Zu einer solchen Wortfamilie gehören z. B. die folgenden Vokabeln aus dem Standardwortschatz:

iūs, iūr-is *n:* Recht;

iūs-tus, -a, -um: durch den Zusatz *-tus* (Suffix) wird das Substantiv zum Adjektiv: rechtlich, gerecht;

in-iūstus, -a, -um: durch den Vorsatz *in-* (Präfix) wird das Adjektiv verneint: ungerecht;

iūst-itia, -ae *f:* durch das Suffix *-itia* wird aus dem Adjektiv ein neues Substantiv: Gerechtigkeit;

in-iūr-ia, -ae *f:* durch das Präfix *in-* und das Suffix *-ia* wird das alte Substantiv verneint: Unrecht;

iūr-āre: mit dem Suffix *-āre* wird von dem Substantiv ein Verb abgeleitet: schwören;

iūs iūrandum: Kombination mit einer *nd*-Form (Gerundiv) des Verbs: Schwur, Eid;

con-iūr-ātio, -ōnis *f:* Ableitung mit Suffix und Präfix: Verschwörung;

12   *Kleine Wortbildungslehre*

iū-dex, iūdic-is *m*: Zusammensetzung von *iūs* und *dīcere*:
Rechtsprecher, Richter;
iūdic-āre: Ableitung von *iūdex* (Stamm *iūdic-*): Recht sprechen, urteilen, entscheiden;
iūdic-ium, -iī *n*: Ableitung von *iūdex*: Rechtsspruch, Urteil,
Gericht.

Ad II: Wortbildungselemente zur Erschließung weiterer Vokabeln

Über den Standardwortschatz hinaus kann man, wenn ma
die einzelnen Elemente der Wortbildung kennt, die Bedeutun
weiterer Vokabeln einer Wortfamilie erschließen. Beispiele:

- Zusammenrückung: **iūris-dictiō**, -ōnis *f* (*iūris dictiō*): Rech
  sprechung;
- Zusammensetzung: **iūsti-ficāre** (*iūstus* + *facere*): rechtfert
  gen;
- Zusammensetzungen mit Präfix: **con-iūrāre**: zusamme
  schwören, sich verschwören; **con-iūrātus**, -a, -um: ve
  schworen, Verschwörer; **prae-iūdicāre**: im Voraus entsch
  den; **prae-iūdicium**, -iī *n*: Vorentscheidung;
- Ableitungen mit Suffix: **iniūri-ōsus**, -a, -um (*iniūria*): un
  recht; **iniūst-itia**, -ae *f* (*iniūstus*): Ungerechtigkeit; **iūstifi**
  tiō, -ōnis *f* (*iūstificāre*): Rechtfertigung; **iūrā-tus**, -ī
  (*iūrāre*): Geschworener; **iūdicā-tum**, -ī *n* (*iūdicāre*): richt
  liches Urteil; **iūdicā-tiō**, -ōnis *f* (*iūdicāre*): richterliche Ü
  tersuchung, Urteil; **iūdicā-tus**, -ūs *m* (*iūdicāre*): Richtera
  iūdicā-trīx, -īcis *f* (*iūdicāre*): Richterin; **iūdici-ālis**, -
  iūdici-ārius, -a, -um (*iūdicium*): gerichtlich.

Kleine Wortbildungslehre   13

Ad III: Fortwirken lateinisch-romanischer Wortbildung im deutschen Wortschatz

Schließlich sind Kenntnisse lateinischer Wortbildung Voraussetzung dafür, zahlreiche Fremdwörter richtig zu erfassen und zu deuten. Beispiele:

Jus: *iūs*; Jura: *iūra*, Plural von *iūs*; Jurisdiktion: *iūris-dictiō*; Jurisprudenz: *iūris-prūdentia*; Injurie: *iniūria*; just: *iūstē*, Adverb von *iūstus*; Justitia/Justiz: *iūstitia*; justifizieren: *iūsti-ficāre*; Präjudiz: *praeiūdicium*; präjudizieren: *praeiū-dicāre*.

Ebenfalls zur Wortfamilie **iūs** gehören, unschwer zu erkennen, die Neubildungen **Jurist** (mit griechischem Suffix), **justieren, Justitiar, justitiabel, Judikative** bzw. **Jurisdiktive; Juror** und **Jury** wurden übers Englische vermittelt (Jury mit französischer Aussprache).

Außer in Fremdwörtern sind Angehörige der Wortfamilie **iūs** in gängigen Zitaten lebendig. Wie ein Fremdwort wird die lateinische Wendung ›de iure‹ gebraucht. Mehr oder weniger geläufig sind Formeln wie ›ius gentium‹, ›ius primae noctis‹ oder ›bellum iustum‹. Von der Unmenge lateinischer Rechtssprichwörter sind etliche über die juristischen Fachkreise hinaus bekannt, einige auch berühmt, wie z. B.: ›Summum **ius** summa **iniuria.**‹

Aus dem bisher Gesagten folgt, dass es vorteilhaft ist, Wortbildungsmuster zu kennen, nach denen Wörter einer Wortfamilie gebildet werden. Man unterscheidet hierbei, wie oben angedeutet, zwischen zusammengesetzten und abgeleiteten Wörtern. Zusammensetzungen kommen meist mit Präfixen, Ableitungen stets mit Suffixen zustande. Somit ist es empfehlenswert, sich die wichtigsten lateinischen Präfixe (vgl. Lernhilfe 1) und Suffixe (vgl. Lernhilfe 2) einzuprägen, zumal sie ihre Bedeutung in vielen anderen Sprachen weitgehend bewahrt haben und, vor allem im wissenschaftlichen Bereich, zu

14   *Kleine Wortbildungslehre*

Wortneuschöpfungen verwendet werden. Bei der Bildung von
Wörtern bzw. Wortfamilien sind außerdem einige typische
Lautveränderungen bemerkenswert (vgl. Lernhilfe 3).

Lernhilfe 1: Präfixe

1.1 Präfixe von Verben

Den weitaus größten Teil der zusammengesetzten Wörter bil-
den die Verben, die aus einer Präposition oder einem anderen
Präfix und einem Grundwort (Simplex) zusammengesetzt
sind (Komposita). Lateinische Beispiele sind im lexikalischen
Teil leicht zu finden, auch zu den selteneren Präfixen **ante-**,
circum-, **praeter-**, **super-**. Die Fremdwortbeispiele lassen etliche lautliche Veränderungen erkennen (vgl. Lernhilfe 3):

ab-	Abitur, Aversion, Abstinenz
ad-	Advent, akzeptieren, Apposition
con-	Kontinent, Koedukation, Kommission
dē-	Depression, defensiv
dis-	disponieren, Dirigent, Differenz
ex-	Exposition, Edition, Effekt
in-	Induktion, Impression
inter-	Intervention, intelligent
ob-	Objekt, offensiv, ostentativ
per-	Perspektive, permanent
prae-	Präposition, präparieren
prō-	Prozess, progressiv
re-	Reaktion, redigieren
sub-	Subvention, sukzessiv, suspekt
trāns-	Transfer, Tradition

Zu den Präfixen **con-**, **dis-**, **in-**, **per-**, **prae-** vgl. auch Lernhilfe 1.2.

Lernhilfe 2: Suffixe   15

1.2 Präfixe zur Verstärkung und Verneinung

Verstärkung: **con-, per-, prae-**

convertere, commovēre, corrumpere, cōnscius, complūrēs;
perfacilis, persaepe;
praeclārus, praemātūrus.

Verneinung: **dis-, in-, ne-**

dispār, dissimilis, difficilis, dissuadēre, diffīdere;
inūtilis, īnfāns, impius, imprōvīsus, īgnōtus;
nescīre, neglegere, nefās, negōtium, neuter.

Lernhilfe 2: Suffixe

2.1 Ableitungsmuster

Bei Ableitungen kommt es für die Wortbedeutung oft auch
darauf an, ob das Suffix an einen Nominalstamm (von Substantiven oder Adjektiven), Partizipialstamm (von Verben)
oder Verbalstamm angehängt wird.

Verben auf **-āre**, abgeleitet von einem Nominalstamm, bezeichnen, wie solche auf **-īre**, die Handlung, z. B. *dōnāre, fīnīre*
(zum Substantiv *dōnum* bzw. *fīnis*); von einem Partizipialstamm abgeleitet, bezeichnen Verben auf **-āre** die nachdrück-
liche oder wiederholte Handlung, z. B. *iactāre* (zum Partizip
iactus von *iacere*).

Verben auf **-scere** (**-scī**) sind von Nominal- oder Verbal-
stämmen abgeleitet und bezeichnen, oft durch ein Präfix ver-
stärkt, den Beginn eines Vorgangs, z. B. *requiēscere* bzw.
prōficīscī (zu *quiēs* bzw. *facere*).

Ein Substantiv auf **-or**, abgeleitet von einem Verbalstamm,
bezeichnet den Vorgang, z. B. *error* (zu *errāre*); von einem Partizipialstamm abgeleitet, bezeichnet es die handelnde Person,

16   *Kleine Wortbildungslehre*

z. B. *victor* (zum Partizip *victus* von *vincere*; weibliche Form
victrīx, -īcis).

Relativ selten sind Verkleinerungsformen auf **-...lus**, **-a**,
-um, z. B. *puella*, *castellum* (zu *puer*, *castra*).

Von Verben abgeleitete Adjektive und Substantive auf -(**ā/
ē**)**ns** und -(**s/t**)**us**, **-a**, **-um** sind ursprünglich Partizipien, z. B.
praestāns, *dīversus* bzw. *parēns*, *dictum* (sog. Partizipialadjek-
tive bzw. Partizipialsubstantive).

Im Unterschied zu Partizipialadjektiven auf **-tus** bezeichnen Adjektive auf **-tus**, abgeleitet von einem Nominalstamm
ebenso wie solche auf **-ōsus**, das Versehensein, die Fülle, z. B
modestus, *perīculōsus* (zu *modus*, *perīculum*).

Von einem Verbalstamm abgeleitet sind die Adjektive au
-(**b**)**ilis**; sie bezeichnen die Fähigkeit oder Möglichkeit, z. E
horribilis, *ūtilis* (zu *horrēre*, *ūtī*).

Die Fremdwortbeispiele in 2.2 und 2.3 lassen erkenner
inwiefern die lateinischen Suffixe im Deutschen fortwirke
und welche Form sie gegebenenfalls (teilweise übers Franzö
sische vermittelt) angenommen haben.

2.2 Häufige Suffixe von Substantiven

-culum, -ī *n*	*ōrāculum* (*ōrāre*) / Spekta**kel**
-entia, -ae *f*	*licentia* (*licet*) / Vehem**enz**
-ia, -ae *f*	*audācia* (*audāx*)
-itia, -ae *f*	*amīcitia* (*amīcus*)
-iō, -ōnis *f*	*legiō* (*legere*) / Reg**ion**
-(**s/t**)**iō**, -ōnis *f*	*āctiō* (*agere*) / Konfe**ssion**
-ium, -iī *n*	*gaudium* (*gaudēre*)
-men, -inis *n*	*certāmen* (*certāre*)
-mentum, -ī *n*	*argūmentum* (*arguere*) / Monu**ment**
-(**ā/ē**)**ns**, -ntis	*oriēns* (*orīrī*) / Manda**nt**
-or, -ōris *m*	*terror* (*terrēre*) / Horr**or**
-(**s/t**)**or**, -ōris *m*	*cēnsor* (*cēnsēre*) / Direkt**or**
-tās, -ātis *f*	*societās* (*socius*) / Liberal**ität**

Lernhilfe 3: Lautveränderungen 17

-tūdō, -inis *f*	*altitūdō (altus)*
-tum, -ī *n*	*dēcrētum (dēcernere)* / Manda**t**
-(s/t)us, -ūs *m*	*cursus (currere)* / Effek**t**
-ātus, -ūs *m*	*cōnsulātus (cōnsul)* / Magistra**t**
-tūs, -ūtis *f*	*iuventūs (iuvenis)*
-ūra, -ae *f*	*cultūra (colere)* / Struk**tur**

2.3 Häufige Suffixe von Adjektiven

-(ā/ī)lis, -e	*līberālis (līber)* / zivi**l**
-(ā/ī)nus, -a, -um	*hūmānus (homō)* / femini**n**
-āris, -e	*familiāris (familia)* / singulä**r**
-ārius, -a, -um	*contrārius (contrā)* / pekuniä**r**
-āx, -ācis	*audāx (audēre)*
-(ā/ī)bilis, -e	*terribilis (terrēre)* / toler**abel**
-eus, -a, -um	*aureus (aurum)*
-icus, -a, -um	*modicus (modus)*
-idus, -a, -um	*timidus (timēre)* / invali**d**
-ilis, -e	*facilis (facere)*
-ius, -a, -um	*rēgius (rēx)*
-īvus, -a, -um	*āctīvus (agere)* / passi**v**
-(ā/ē)ns, -ntis	*cōnstāns (cōnstāre)* / exzelle**nt**
-ōsus, -a, -um	*glōriōsus (glōria)* / religiö**s**, famo**s**
-tus, -a, -um	*molestus (mōlēs)*
-(s/t)us, -a, -um	*falsus (fallere)* / perfek**t**
-uus, -a, -um	*vacuus (vacāre)*

Lernhilfe 3: Lautveränderungen

3.1 Änderungen von Vokalen (Ablaut)

Wechsel des Stammvokals (qualitativ):
velle – voluntās; poena – pūnīre;
pellere, pepulī, pulsum.

18   *Kleine Wortbildungslehre*

Vokalschwächung bei zusammengesetzten Verben:
dare – addere; capere – recipere.

Änderung der Sprechdauer (quantitativ):
cadere – cāsus; regere, rēxī, rēctum;
Dehnung vor **-ns**: *concidere – cōnscius;*
Dehnung vor **-nf**: *incidere – īnfāns.*

3.2 Änderungen von Konsonanten

Anpassung an den folgenden Konsonanten:
concēdere – compōnere; subīre – suscipere;
scrībere, scrīpsī, scrīptum.

Angleichung (Assimilation):
ad + ferre, tulī, lātum > afferre, attulī, allātum.

Vermeidung von Gleichheit (Dissimilation):
-ālis > -āris nach **-l-**: *aequālis – familiāris;*
medius + diēs > merīdiēs.

3.3 Zusammenziehung (Kontraktion)

dis + mittere > dīmittere; con + agere > cōgere;
per + regere > pergere; sub + regere > surgere.

Die Vertrautheit mit den lateinischen Wortbildungsmustern
hat nicht nur die Festigung, sondern auch die Erweiterung der
Wortschatzkenntnisse zur Folge. Viele Wörter, die nicht zum
Standardwortschatz gerechnet werden, sind nämlich von diesem ableitbar, sobald man ihre Bildungsweise durchschaut. Es
motiviert und trainiert, Vokabelangaben so zu gestalten, dass

Lernhilfe 3: Lautveränderungen 19

nur die Wortbildungsbestandteile kenntlich gemacht werden
(sofern sich die Bedeutung des Wortes dann erschließen lässt).

Illustriert sei dies in Kürze beispielhaft an Wörtern zu Lernhilfe 2 – und zwar (um eine Auswahl zu treffen) an solchen,
die keine deutsche Fremdwortentsprechung haben:

Verben (2.1): *lacrim-āre, nov-āre, vest-īre, lēn-īre, per-timē-
scere, īrā-scī.*

Verkleinerungsformen (2.1): *rēg-ulus, libel-lus, parv-ulus, fīli-
ola, opus-culum.*

Substantive (2.2): *īnsān-ia, trīst-itia, effug-ium, regi-men, forti-
tūdō, servi-tūs.*

Adjektive (2.3): *fall-āx, argent-eus, bell-icus, lūc-idus, doc-ilis,
senātōr-ius, onus-tus, perspic-uus.*

Standardwortschatz Latein

A

ā / ab / abs + *Abl*	*von, von … her, von … an*
▸ab urbe conditā (a. u. c.)	*seit Gründung der Stadt (Rom 753 v. Chr.)*
ab|dūcere [↔ ad|dūcere]	*wegführen*
ab|esse, absum, āfuī [↔ ad|esse]	*abwesend sein, entfernt sein; fehlen*
ab|īre, -eō, -iī, -itum [↔ ad|īre]	*weggehen*
absēns, -ntis [↔ praesēns] absentia, -ae *f*	*abwesend Abwesenheit*
ab|solvere	*freisprechen; vollenden*
abstinēre, -uī, -tentum [tenēre]	*(sich) fernhalten, sich enthalten*
abs|trahere	*wegschleppen, fortreißen*
absurdus, -a, -um	*falsch, unpassend, sinnlos*
abundāre [unda]	*Überfluss haben, reichlich vorhanden sein*
ab|ūtī + *Abl*	*ausnützen, missbrauchen*
ac / atque	*und*
ac|cēdere [↔ dē-/dis|cēdere]	*herantreten; hinzukommen*

accedere 23

ab(s)- ▸ab ovo usque ad mala	Ab alio exspectes, alteri quod feceris!
	Abducet praedam, qui occurrit prior.
	Omnia sponte fluant, absit violentia rebus!
Abitur ▸consilium abeundi	Aut bibat aut abeat!
Absenz ▸in absentia	
absolvieren, absolut ↔ relativ, Absolution ▸ablativus absolutus	Ego te absolvo a peccatis tuis.
abstinent, Abstinenzler	Sustine et abstine!
abstrahieren, abstrakt	
absurd ▸ad absurdum	
abundant	
Abusus	Quo usque tandem abutere, Catilina, patientia nostra?
	Mors laborum ac miseriarum quies est.

24 *accendere*

accendere, -dī, -sum [~ incendere]	*anzünden, entflammen*
accidere, -cidī [cadere]	*sich ereignen, zustoßen*
accipere, -iō, -cēpī, -ceptum [capere]	*annehmen, empfangen*
accūsāre [causa] ▸capitis accūsāre accūsātor, -ōris *m*	*anklagen* *auf Leben und Tod anklagen* *Ankläger*
ācer, ācris, ācre acerbus, -a, -um aciēs, -ēī *f*	*scharf; heftig* *herb* *Schärfe; Schlacht(ordnung)*
āctiō, -ōnis *f* [agere] āctīvus, -a, -um	*Handlung, Verhandlung* *tätig*
acūtus, -a, -um	*spitz, scharf*
ad + *Akk*	*bei; zu, bis*
addere, -didī, -ditum [dare]	*hinzufügen*
ad|dūcere [↔ ab|dūcere]	*heranführen, veranlassen*
ad|eō *Adv*	*so sehr*
ad|esse, adsum, affuī [↔ ab|esse]	*da sein; helfen*
adhibēre [habēre]	*anwenden; hinzuziehen*
ad|hūc *Adv*	*bis jetzt; (immer) noch*

adhuc 25

kzidentiell	Accidit in puncto, quod non speratur in anno.
kzeptieren	Accipere quam facere praestat iniuriam.
Akkusativ	Qui se excusat, accusat.
	accusator – reus – iudex
⸱ Vinaigrette	
	exercitus – agmen – acies
Aktion	
ktiv, Aktiv ↔ Passiv, aktuell ▸vita activa	
.kut	
.d ▸ad Kalendas Graecas	Per aspera ad astra.
.ddieren, Addition ↔ Subtraktion	
Adduktor	
	Ora et labora, Deus adest sine mora!

26 adicere

adicere, -iō, -iēcī, -iectum [iacere]	*hinzufügen*
adimere, -ēmī, -ēmptum [emere]	*an sich nehmen, wegnehmen*
adipīscī, adeptus sum	*erreichen, erringen*
ad|īre, -eō, -iī, -itum [↔ ab|īre] aditus, -ūs m [↔ exitus]	*herangehen, aufsuchen* *Zugang, Zutritt*
ad|iungere	*anschließen, hinzufügen*
ad|iuvāre, -iūvī, -iūtum + Akk	*unterstützen, helfen*
administrāre [minor]	*leiten, verwalten*
ad|mīrābilis, -e ad|mīrārī admīrātiō, -ōnis f	*erstaunlich, bewundernswert* *sich wundern, bewundern* *Staunen, Bewunderung*
ad|mittere ▸scelus ad-/committere	*zulassen* *ein Verbrechen begehen*
admodum Adv [modus]	*ganz, sehr*
ad|monēre	*erinnern, ermahnen*
adulēscēns, -ntis m [alere]	*Jugendlicher*
adulēscentia, -ae f	*Jugend*
ad|venīre, -vēnī, -ventum adventus, -ūs m	*(an)kommen* *Ankunft*

adventus 27

Adjektiv ▸contradictio in
 adiecto

Adept

Adjunktion ↔ Subjunktion

Adjutant   Fortes fortuna adiuvat.

Administration

                                  Nil admirari.

                                  Adversae res admonent
                                   religionum.

                                  Quem di diligunt, adulescens
                                   moritur.
Adoleszenz   Ratione, non vi vincenda
                                   adulescentia est.

Lw Abenteuer   Adveniat regnum tuum!
Advent

28 *adversarius*

adversārius, -a, -um [vertere]	*feindlich; Feind, Gegner*
adversus, -a, -um	*vorn befindlich; gegenüber-stehend, feindlich*

advocātus, -ī *m* [vocāre]	*Anwalt*

aedēs, -is *f*	*Tempel; Pl: Haus*
aedificāre [facere]	*bauen*
aedificium, -iī *n*	*Gebäude*
aedīlis, -is *m*	*Ädil*

aeger, -gra, -grum	*krank; bekümmert*

aequālis, -e	*gleich(altrig), gleichzeitig*
aequāre	*gleichmachen; erreichen*
aequus, -a, -um	*eben; gleich, gerecht*

āēr, āeris *m* (gr)	*Luft*

aes, aeris *n*	*Erz, Kupfer; Geld*

aestās, -ātis *f*	*Sommer*

aestimāre [aes]	*schätzen*
▸māgnī / parvī aestimāre	*hoch- / geringschätzen*

aestus, -ūs *m* [aestās]	*Hitze; Brandung*

aetās, -ātis *f*	*Leben(salter); Zeitalter*
aeternitās, -ātis *f*	*Ewigkeit*
aeternus, -a, -um	*ewig*

af|ferre, attulī, allātum	*herbeitragen; melden*

afferre 29

dversativ	adversarius – inimicus – hostis res adversae ↔ res secundae
Advokat ▸ advocatus diaboli	
Ädikula	templum – aedes
	quaestor – aedilis – praetor – consul
„w egal Äquator Äquinoktium, äquivalent	Omnes homines aequales sunt. Aequam memento rebus in arduis servare mentem!
Aero-	aer – aqua – ignis – terra
	Aeris alieni comes miseria.
	ver – aestas – autumnus – hiems
stimieren	Homines ne ex veste aestimemus!
	Nulla aetas vacavit a culpa.
sub specie aeternitatis Roma aeterna	
Adlatus	Tempus ipsum affert consilium.

30 *afficere*

afficere, -iō, -fēcī, -fectum [facere] + *Abl*	*versehen mit*
▶honōre afficere	*ehren*
affirmāre [firmus]	*bekräftigen, behaupten*
ager, agrī *m*	*Acker, Feld; Pl: Gebiet*
agere, ēgī, āctum [āct-, -igere]	*treiben; (ver)handeln, tun*
aggredī, -ior, -gressus sum [gradus]	*angreifen*
agitāre [agere]	*heftig bewegen, eifrig betreiben*
agmen, -inis *n*	*(Heeres-)Zug*
āiō (ais, ait, āiunt)	*sagen, bejahen*
ālea, -ae *f*	*Würfel*
alere, -uī, -tum	*nähren, ernähren*
aliās *Adv*	*ein andermal, sonst*
ali|ibī *Adv*	*anderswo*
aliēnus, -a, -um	*fremd; abgeneigt*
ali|quandō *Adv*	*irgendwann; manchmal*
aliquī, -qua, -quod	*irgendein*
ali|quis, -quid	*(irgend)jemand, (irgend)etwas*
aliter *Adv*	*anders, sonst*
alius, -a, -ud	*ein anderer*
▶aliī … aliī	*die einen … die anderen*
almus, -a, -um [alere]	*nährend*

almus   31

ffizieren, Affekt, affektiert

ffirmativ

grikultur, Agrar-

gieren, Agenda, Agent, Akt   Nihil agendo homines male
▸ad acta   agere discunt.

ggressiv

gitation   Mens agitat molem.
                              exercitus – agmen – acies

leatorisch   Alea iacta est.

limente   Spes alit et fallit.

ias
libi
 Alien   Felix, quem faciunt aliena
                              pericula cautum.

                              Nullus est liber tam malus, ut
                              non aliqua parte prosit.
                              Semper aliquid haeret.

                              Aliis aliud placet.

lma mater

32 alter

alter, -era, -erum	*der eine (von zweien), der andere*
altitūdō, -inis *f*	*Höhe, Tiefe*
altus, -a, -um [alere]	*hoch, tief*
amāre	*lieben*
ambitiō, -ōnis *f*	*Bewerbung; Ehrgeiz*
ambulāre	*(umher)gehen*
ā|mēns, -ntis	*wahnsinnig, unsinnig*
amīcitia, -ae *f* [amāre]	*Freundschaft*
amīcus, -a, -um	*befreundet; Freund, Freundin*
ā|mittere	*wegschicken, verlieren*
amnis, -is *m*	*Strom, Fluss*
amoenus, -a, -um [amāre]	*lieblich*
amor, -ōris *m*	*Liebe*
amplus, -a, -um	*weit, geräumig; bedeutend*
an	*oder; etwa; ob (nicht)*
anceps, -cipitis [caput]	*zweiseitig, ungewiss*
angustus, -a, -um	*eng*

angustus 33

Alternative, Altruismus, E Alt(ernate) ▸alter ego	Alterius non sit, qui suus esse potest.
exaltiert	Citius, altius, fortius.
ᵉ Amateur	Si vis amari, ama!
Ambition(en)	
Ambulanz, somnambul	
	Amantes amentes.
	Idem velle atque idem nolle, ea demum firma amicitia est. Amicus est tamquam alter ego.
	Amittit famam, qui se indignis comparat.
	fons – amnis – flumen – lacus – mare
locus amoenus Amor ▸amor fati	Amore, more, ore, re iunguntur amicitiae.
Amplitude	Homines amplius oculis quam auribus credunt.
	An nescis longas regibus esse manus?
Angina (pectoris)	Per angusta ad augusta.

34 *anima*

anima, -ae *f*	*Seele*
animad|vertere	*wahrnehmen; einschreiten*
animal, -ālis *n*	*Lebewesen, Tier*
animus, -ī *m*	*Geist, Sinn; Mut*

annālēs, -ium *m* (librī)	*Jahrbücher*
annus, -ī *m*	*Jahr*

ante *Adv / Präp + Akk*	*vorn, vorher; vor*
anteā *Adv*	*vorher*
ante|quam	*bevor*
antīquus, -a, -um	*alt(ertümlich)*

anxius, -a, -um	*ängstlich*

aperīre, -uī, -tum	*öffnen*
apertus, -a, -um	*offen(sichtlich)*

ap|pārēre, -uī	*erscheinen, sich zeigen*

appellāre	*anrufen, (be)nennen*

ap|petere [~ ex|petere]	*streben nach*

aptus, -a, -um	*passend, geeignet*

apud + *Akk*	*bei*

aqua, -ae *f*	*Wasser*

āra, -ae *f*	*Altar*

arbitrārī	*meinen*

arbitrari 35

nimieren, Animation	Ratio legis est anima legis.
nimalisch	
	Animo imperabit sapiens, stultus serviet.
Annalen	
Millennium ▸anno Domini (A. D. / a. d.)	hora – dies – mensis – annus – saeculum
ante meridiem (a. m.)	Nemo ante mortem beatus. antea ↔ postea antequam ↔ postquam
ntik, Antike, Antiquität	Moribus antiquis res stat Romana virisque.
Aperitif	Veritatem dies aperit.
ppellieren, Appell	
Appetit	Amittit merito proprium, qui alienum appetit.
Adapter	
Aquädukt, Aquarium, Aquarell	Aqua et panis est vita canis.
Ara Pacis	

36   *arbor*

arbor, -oris *f*	*Baum*
arcēre, -uī [-ercēre]	*festhalten; abhalten, abwehren*
arcessere, -īvī, -ītum	*herbeirufen, holen*
ārdēre, ārsī	*brennen, glühen*
ārdor, -ōris *m*	*Glut; Leidenschaft*
arduus, -a, -um	*steil, schwierig*
arēna, -ae *f*	*Sand; Kampfplatz, Arena*
argentum, -ī *n*	*Silber; Geld*
arguere, -uī, -ūtum	*beschuldigen*
argūmentum, -ī *n*	*Beweis(mittel); Inhalt, Stoff*
arma, -ōrum *n*	*Ausrüstung, Waffen*
armāre	*ausrüsten, bewaffnen*
ars, artis *f*	*Kunst(fertigkeit)*
artificium, -iī *n* [facere]	*Kunstwerk*
arx, arcis *f* [arcēre]	*Burg*
ascendere, -dī, -scēnsum [↔ dēscendere]	*hinauf-, besteigen*
asper, -era, -erum	*rau, herb*
aspicere, -iō, -spexī, -spectum [~ cōnspicere]	*erblicken; ansehen*

aspicere 37

arboretum	Arbor mala, mala mala.
	Aequam memento rebus in arduis servare mentem!
	Sit tibi terra levis mollique tegaris arena!
Ag (*chem. Element*), Argentinien	aurum – argentum – aes – ferrum
argument, argumentieren ▸argumentum e(x) silentio	
armee	Arma(que) in armatos sumere iura sinunt.
armatur	
artist ▸artes liberales rtifiziell	Vita brevis, ars longa. Nova artificia docet fames.
arx	
aszendent ↔ Deszendent	
piritus asper	Per aspera ad astra.
aspekt	Puras Deus, non plenas aspicit manus.

assentīrī [sentīre]	*zustimmen*
as|sequī [~ con|sequī]	*einholen, erreichen*
astrum, -ī *n (gr)*	*Gestirn*
at	*aber*
āter, ātra, ātrum	*schwarz, dunkel; unheilvoll*
atque / ac ▸īdem atque / aliter atque	*und* *derselbe wie / anders als*
atquī(n)	*und doch, aber doch*
atrōx, -ōcis [āter]	*grässlich, schrecklich*
at|tendere, -tendī, -tentum	*achtgeben*
attingere, -tigī, -tāctum [tangere]	*berühren*
auctor, -ōris *m* [augēre] auctōritās, -ātis *f*	*Urheber; Verfasser* *Ansehen, Einfluss*
audācia, -ae *f*	*Kühnheit, Verwegenheit*
audāx, -ācis	*kühn, verwegen*
audēre, -eō, ausus sum	*wagen*
audīre	*hören*
au|ferre, abstulī, ablātum	*wegtragen, wegbringen*
augēre, auxī, auctum augustus, -a, -um	*vermehren; fördern* *erhaben, ehrwürdig*
aura, -ae *f*	*Luft, Hauch*

aura 39

	Velocem tardus assequitur.
stral-	Per aspera ad astra.
dies ater	
utor, autorisieren utorität	Auctorem commendat opus.
	In rebus dubiis plurimi est audacia. Audaces fortuna iuvat timidosque repellit. Sapere aude!
Audi«, Audienz, audiovisuell, Auditorium	Audiatur et altera pars!
blativ	Quod differtur, non aufertur.
ugment, Auktion ugust, Augustus	Per angusta ad augusta.
ura	

40   *aureus*

aureus, -a, -um [aurum]	*golden*
auris, -is *f*	*Ohr*
aurum, -ī *n*	*Gold*
auspicium, -iī *n* [avis, spic-]	*Vogelschau, Vorzeichen*
aut	*oder*
▸aut … aut	*entweder … oder*
autem	*aber*
autumnus, -ī *m*	*Herbst*
auxilium, -iī *n*	*Hilfe; Pl: Hilfsmittel, Hilfstruppen*
avāritia, -ae *f*	*Habgier, Geiz*
avārus, -a, -um	*habgierig, geizig*
avē / avēte	*sei / seid gegrüßt!*
ā|vertere	*abwenden*
avidus, -a, -um	*gierig, süchtig*
avis, -is *f*	*Vogel*
avus, -ī *m*	*Großvater*

avus   41

urea mediocritas	
rikular	Oculi et aures vulgi testes sunt mali.
u (*chem. Element*)	Auri sacra fames!
uspizien	
	Disce aut discede! Aut Caesar aut nihil.
	ver – aestas – autumnus – hiems
xiliar	Alter alterius auxilio eget.
	Avaritia prima scelerum mater. Semper avarus eget.
	Ave Maria!
version	
uspizien, Augur (?)	Qualis avis, talis cantus.
tavismus, atavistisch	avus – pater – filius

B

barbarus, -a, -um *(gr)*	*ausländisch; ungebildet*
beātus, -a, -um	*reich, glücklich*
bellum, -ī *n*	*Krieg*
bene *Adv* (melius, optimē)	*gut (besser, am besten)*
beneficium, -iī *n* [facere]	*Wohltat, Gefälligkeit*
benevolentia, -ae *f* [volēns]	*Wohlwollen*
benīgnus, -a, -um	*gütig*
bēstia, -ae *f*	*(wildes) Tier*
bibere, bibī	*trinken*
bis	*zweimal*
bonum, -ī *n*	*Gut, das Gute; Pl: Hab und Gu Vermögen*
bonus, -a, -um (melior, optimus)	*gut (besser, bester)*
bōs, bovis *m/f*	*Rind, Ochse / Kuh*
brevis, -e	*kurz*

brevis 43

arbar, Barbara	Barbarus hic ego sum, qui non intellegor ulli.
eate	Beati possidentes.
ebell ▸bellum iustum	Bellum omnium contra omnes.
enedikt, *Lw* gebenedeit enefiz-	Bene vixit, qui bene latuit. Quibusdam beneficia dormientibus deferuntur.
captatio benevolentiae	
estie, *Lw* Biest	
	Nunc est bibendum.
i-, *Lw* zwie-	Bis dat, qui cito dat.
	Cui bono?
onus ↔ Malus, *F* Bon, *Lw* gebongt ▸bona fide	Bonus intra, melior exi!
	Quod licet Iovi, non licet bovi.
bbreviatur, *Lw* Brief	Vita brevis, ars longa.

C

cadere, cecidī, cāsum [cās-, -cidere]	*fallen*
caedere, cecīdī, caesum [-cīdere]	*fällen, töten*
caedēs, -is *f*	*Mord, Blutbad*
caelestis, -e	*himmlisch*
caelum / coelum, -ī *n*	*Himmel; Klima*
calamitās, -ātis *f*	*Unglück, Schaden*
calidus, -a, -um [calor]	*warm, heiß*
callidus, -a, -um	*schlau*
calor, -ōris *m*	*Wärme, Hitze*
campus, -ī *m*	*Feld, Ebene*
canere, cecinī / cantāre	*singen*
canis, -is *m/f*	*Hund / Hündin*
cantus, -ūs *m* [canere]	*Gesang*
capere, -iō, cēpī, captum [-cipere, -ceps]	*fassen, ergreifen*
captātiō, -ōnis *f*	*das Jagen*
captīvus, -a, -um	*gefangen; Gefangener*
caput, -itis *n* [-ceps]	*Kopf,* Haupt; *Hauptstadt*
carēre, -uī + Abl	*nicht haben*
cāritās, -ātis *f* [cārus]	*Liebe; hoher Preis*

caritas 45

adenz, dekadent	Humilis nec alte cadere nec graviter potest.
	Cedo facit cessi, cécidi cado, caedo cecídi.
	Pater noster, qui es in coelis!
alamität	Calamitas virtutis occasio.
aldarium ↔ Frigidarium	
	callidus – prudens – sapiens
alorie	
ampieren, *E* Camping	
antate, *I* cantabile, *F* Chanson	Arma virumque cano.
	Cave canem!
antor	Qualis avis, talis cantus.
apieren, Kapazität, Emanzipation captatio benevolentiae	
apitän, Kapital, Kapitel, Kapitell, rekapitulieren, *F* Chef	Quot capita, tot sensus.
arenz	Necessitas caret lege.
aritas, karitativ	

46   *carmen*

carmen, -inis *n* [canere]	*Lied; Gedicht*
carpere, carpsī, carptum	*pflücken*
cārus, -a, -um	*lieb, teuer*
casa, -ae *f*	*Hütte*
castellum, -ī *n* castra, -ōrum *n*	*Befestigung,* Kastell *Lager*
cāsus, -ūs *m* [cadere]	*Fall; Zufall*
cathedra, -ae *f* (*gr*)	*Sessel; (Lehr-)Stuhl*
causa, -ae *f* [-cūsāre]	*Streitsache; Ursache*
▸causam dīcere causā *nach Gen*	*sich verteidigen* *um … willen, wegen*
cautus, -a, -um [cavēre]	*vorsichtig*
cavāre	*(aus)höhlen*
cavēre, cāvī, cautum	*achtgeben, sich hüten*
cēdere, cessī, cessum	*gehen; weichen*
cēlāre / con|cēlāre	*verbergen, verheimlichen*
celeber, -bris, -bre celebrāre	*viel besucht, berühmt* *besuchen; feiern*
celer, -eris, -ere celeritās, -ātis *f*	*schnell* *Schnelligkeit*

celeritas 47

Carmen, *F* Charme	
Exzerpt	Carpe diem!
	Rara sunt cara.
Casino	
Casus, kasuistisch ▸casus belli	Casus ubique valet.
Catheder, Kathedrale ▸ex cathedra	
Causa, kausal	Felix, qui potuit rerum cognoscere causas.
honoris causa (h. c.)	Hominum causa omne ius constitutum est.
Caution	Felix, quem faciunt aliena pericula cautum.
	Gutta cavat lapidem.
	Cave canem!
Präzedenz*fall*	Cedo facit cessi, cécidi cado, caedo cecídi.
	Celare fraudem fraus est.
Celebrität celebrieren	
Akzelerator	Fama nihil est celerius.

48   cena

cēna, -ae *f*	*Hauptmahlzeit*
cēnsēre, -uī, cēnsum	*schätzen; meinen*
cēnsor, -ōris *m*	*Zensor*
centum	*hundert*
centuria, -ae *f*	*Hundertschaft, Zenturie*
centuriō, -ōnis *m*	*Führer einer Zenturie, Zenturio*
cernere, crēvī, crētum	*wahrnehmen, sehen*
certāmen, -inis *n*	*Wettkampf*
certāre	*wetteifern, kämpfen*
certus, -a, -um (*Adv:* -ē/-ō)	*sicher, gewiss*
▸certiōrem facere	*benachrichtigen*
cēterī, -ae, -a	*die übrigen*
cēterum *Adv*	*übrigens*
cingere, cīnxī, cīnctum	*umgürten, umgeben*
circā / circum *Adv / Präp + Akk*	*ringsum; um … herum*
circēnsēs, -ium *m*	*Zirkusspiele*
circiter *Adv*	*ungefähr*
circulus, -ī *m*	*Kreis; Verein, Zirkel*
circum|dare, -dedī, -datum	*umgeben*
circum|venīre, -vēnī, -ventum	*umzingeln*
circus, -ī *m*	*Ring, Kreis, Rennbahn*
citāre	*vorladen, aufrufen*
citō *Adv*	*schnell*
citrā *Adv / Präp + Akk*	*diesseits*

	Ut sis nocte levis, sit tibi cena brevis!
zensieren, Zensur, *Lw* Zins	Ceterum censeo.
Zenti*meter*, Zentner, Prozent	decem – centum – mille centuria – cohors – legio
	Amicus certus in re incerta cernitur. certamen – pugna – proelium
Konzert Zertifikat	Simulare certe est hominis.
▸et cetera (etc.)	Ceterum censeo Carthaginem esse delendam.
Lw umzingeln	
zirka (ca.), Zirkumflex zirzensisch ▸panem et circenses	
zirkulieren ▸circulus vitiosus	Noli turbare circulos meos!
Zirkus, *Lw* Bezirk	
zitieren, Zitat ▸loco citato (l. c.)	Bis dat, qui cito dat.
	citra ↔ ultra

50   *civilis*

cīvīlis, -e	*bürgerlich, politisch*
cīvis, -is *m/f*	*Bürger / Bürgerin*
cīvitās, -ātis *f*	*Bürgerrecht; Gemeinde, Staat*

clāmāre	*schreien, rufen*
clāmor, -ōris *m*	*Geschrei, Lärm*

clārus, -a, -um	*hell*, klar; *berühmt*

classicus, -a, -um	*erst*klassig, *mustergültig*
classis, -is *f*	*Abteilung; Flotte*

claudere, -sī, -sum [-clūdere]	*schließen, absperren*

cliēns, -ntis *m*	*Schützling*, Klient

coepī *Perf*: incipere	

coercēre [arcēre]	*zusammenhalten, zügeln*

coetus, -ūs *m* [īre]	*Zusammenkunft, Versammlung*

cōgere, coēgī, coāctum [agere]	*zusammenbringen; zwingen*

cōgitāre	*denken; beabsichtigen*

cōg|nōscere, -nōvī, -nitum	*kennenlernen; erkennen*
cōgnōvisse / nō(vi)sse	*kennen, wissen*

cohors, -tis *f*	*Schar*; Kohorte

co|hortārī / (ex)hortārī	*ermuntern, ermahnen*

colere, -uī, cultum [cult-]	*bebauen, pflegen, verehren*

collēga, -ae *m*	*Amtsgenosse*, Kollege

collega 51

zivil, Zivilisation

E City, Intercity

Civis Romanus sum.
Quid est civitas nisi iuris
    societas civium?

reklamieren, Reklame

Cum tacent, clamant.

Klarinette

klassisch ▸locus classicus
Klasse

ratis – navis – classis

Klausur, Klausel, *Lw* Kloster
▸numerus clausus (NC)

Klientel

patronus – cliens

Improbe Amor, quid non
    mortalia pectora cogis!
Cogito, ergo sum.

kognitiv, inkognito

Ex fructu cognoscitur arbor.

centuria – cohors – legio

kultivieren

Novos amicos dum paras,
    veteres cole!

Kollegium

colligere [legere]	*(ein)sammeln*
collis, -is *m*	*Hügel*
col|locāre	*(auf)stellen*
colōnia, -ae *f*	*Siedlung, Niederlassung*
color, -ōris *m*	*Farbe*
com|edere, -ēdī, -ēsum / edere	*essen*
comes, -itis *m* [īre] comitārī	*Begleiter, Gefährte* *begleiten*
comitia, -ōrum *n*	*Volksversammlung; Wahlen*
commemorāre [memor]	*sich erinnern; erwähnen*
commendāre [mandāre]	*anvertrauen, empfehlen*
commercium, -iī *n* [mercātor]	*Handel(sverkehr)*
com|mittere ▸scelus com-/admittere	*zustande bringen; anvertrauen* *ein Verbrechen begehen*
commodum, -ī *n* [modus]	*Vorteil, Bequemlichkeit*
commodus, -a, -um	*angemessen; bequem*
com|movēre, -mōvī, -mōtum	*bewegen; veranlassen*
commūnicāre [mūnus]	*(mit)teilen*
commūnis, -e	*gemeinsam, allgemein*

communis 53

Kollekte, Kollektion	
Quirinal / Viminal	collis Quirinalis / Viminalis
Kollokation	
Kolonie, Köln	vicus – colonia – oppidum – urbs
kolorieren, Trikolore	
Comes ↔ Dux	Invidia gloriae comes. Gloria umbra virtutis est; etiam invitam comitabitur.
kommandieren	Auctorem commendat opus.
Kommerz	Commercium iure gentium commune esse debet.
Komitee, Kommission	
	Privatum commodum publico cedit.
Kommode	
kommunizieren, Kommunikation	
Kommune, Kommunion, Kommunismus ▸communis opinio	Communia inter amicos omnia.

54 *commutare*

com|mūtāre	*verändern; austauschen*
comparāre (1) [pār]	*vergleichen*
com|parāre (2)	*bereiten, beschaffen*
comparātiō, -ōnis *f* [pār]	*Vergleich*
comperīre, -perī, -pertum [perītus]	*erfahren*
complēre, -ēvī, -ētum [~ explēre]	*(er)füllen*
complūrēs, -a [plūs]	*mehrere*
com|pōnere	*zusammenstellen, ordnen, verfassen*
com|prehendere	*ergreifen; begreifen*
com|putāre	*zählen, (be)rechnen*
cōnārī	*versuchen, unternehmen*
con|cēdere	*weichen; zugestehen*
con|cēlāre / cēlāre	*verbergen, verheimlichen*
concidere, -cidī [cadere]	*zusammenbrechen, einstürzen*
concilium, -iī *n*	*Versammlung*
concipere, -iō, -cēpī, -ceptum [capere]	*aufnehmen*
con|citāre [~ ex-/in|citāre]	*antreiben*

concitare 55

Kommutativ*gesetz*

Komparation, Komparativ   Amittit famam, qui se indignis
                                  comparat.

▸tertium comparationis

komplett

komponieren, Komposition,
  Kompositum ↔ Simplex

ℰ Computer

konativ

konzedieren, Konzession,   Amare et sapere vix deo conce-
  konzessiv   ditur.

Konzil

konzipieren, Konzept

56 *concludere*

conclūdere [claudere]	*(ein)schließen; folgern*
concordia, -ae *f* [↔ discordia]	*Eintracht*
con|currere, -currī, -cursum	*zusammenlaufen*
con|cursus, -ūs *m*	*Auflauf, Zusammenstoß*
condemnāre [damnāre]	*verurteilen*
condere, -didī, -ditum [dare]	*gründen; bergen*
condiciō, -ōnis *f* [dīcere]	*Bedingung; Lage*
con|dūcere	*zusammenführen; mieten*
cōn|ferre, -tulī, collātum ▸ sē Rōmam cōnferre	*zusammentragen; vergleichen sich nach Rom begeben*
cōnficere, -iō, -fēcī, -fectum [facere]	*fertigmachen, vollenden*
cōnfīdere, -ō, -fīsus sum [↔ diffīdere]	*vertrauen*
cōnfirmāre [firmus]	*stärken; bekräftigen*
cōnfitērī, -fessus sum [fatērī]	*gestehen, bekennen*
cōnflīgere, -flīxī, -flīctum	*zusammenstoßen, kämpfen*
conicere, -iō, -iēcī, -iectum [iacere]	*(zusammen)werfen; vermuten*
coniugium, -iī *n* con|iungere	*Ehe verbinden, vereinigen*

coniungere 57

Konklusion	
Concordia	Concordia nostra sit perpetua!
Konkurrent	Cum moritur dives, concurrunt undique cives.
Konkurs	
	Tantae molis erat Romanam condere gentem.
Kondition, konditional ▸condicio sine qua non	
Konferenz ▸confer (cf.)	
Konfekt, Konfektion	
Konfirmand, Konfirmation	
Konfession	Confiteor.
Konflikt	
Konjektur	
Konjugieren, Konjunktion, Konjunktiv, Konjunktur	

58   *coniuratio*

coniūrātiō, -ōnis *f* [iūs]	*Verschwörung*
coniux, -ugis *m/f* [iugum]	*Gatte / Gattin*
cōnscientia, -ae *f* [scīre]	*Mitwisserschaft; Bewusstsein, Gewissen*
cōnscius, -a, -um	*mitwissend; bewusst*
cōn|scrībere ▸patrēs cōnscrīptī	*verfassen; (Truppen) ausheben* *Senatoren!*
cōnsecrāre [sacer]	*weihen*
cōn|sēnsus, -ūs *m*	*Übereinstimmung*
cōn|sentīre, -sēnsī, -sēnsum [↔ dis|sentīre]	*übereinstimmen*
cōn|sequī [~ as|sequī]	*einholen, erreichen*
cōn|servāre	*erhalten, bewahren*
cōnsīderāre	*betrachten, überlegen*
cōnsīdere, -sēdī, -sessum [sedēre]	*sich setzen, sich niederlassen*
cōnsilium, -iī *n* [cōnsul]	*Beratung; Rat, Entschluss*
cōn|sistere, -stitī	*sich hinstellen; bestehen aus / in*
cōn|sōlārī / sōlārī	*trösten; lindern*
cōnspectus, -ūs *m* cōnspicere, -iō, -spexī, -spectum [~ aspicere]	*Anblick; Blickfeld* *erblicken*

conspicere   59

coniux – maritus – uxor

Etiam sine lege poena est
conscientia.

Konskription

konsekrieren

Konsens ↔ Dissens
▸consensus omnium

Qui tacet, consentire videtur.

Konsequenz, konsekutiv

konservieren, Konserve,
konservativ

Interest rei publicae, quod
homines conserventur.

Konsilium ▸consilium
abeundi

Tempus ipsum affert
consilium.

Konsistenz

Konspekt

60 *constans*

cōnstāns, -ntis	*beständig; standhaft*
cōnstantia, -ae *f*	*Beständigkeit; Standhaftigkeit*
cōn|stāre, -stitī	*feststehen; bestehen aus / in;* *kosten*
▸māgnō cōnstāre	*viel kosten*
cōnstituere [statuere]	*aufstellen; festsetzen,* *beschließen*
cōnsuēscere, -ēvī, -ētum	*sich gewöhnen*
cōnsuētūdō, -inis *f*	*Gewohnheit, Umgang*
cōnsul, -is *m*	Konsul
cōnsulāris, -e	konsularisch; *ehemaliger* *Konsul*
cōnsulātus, -ūs *m*	*Amt des Konsuls,* Konsulat
cōnsulere, -uī, -tum	*um Rat fragen; beraten,* *beschließen; sorgen für*
▸salūtī cīvium cōnsulere	*für das Wohl der Bürger sorgen*
cōn|sūmere	*verbrauchen*
contemnere, -tempsī, -temptum	*verachten*
contemplārī [templum]	*betrachten*
con|tendere, -tendī, -tentum	*sich anstrengen: eilen; kämpfen,* *behaupten*
contentiō, -ōnis *f*	*Anstrengung; Streit*
contentus, -a, -um	*zufrieden*
continēre, -uī, -tentum [tenēre]	*zusammenhalten; festhalten*

continere 61

onstant, Konstantin
Konstanz, Konstanze

    Constat ad salutem civium
    inventas esse leges.

onstituieren, Konstitution,   Hominum causa omne ius
  konstitutiv   constitutum est.

Kostüm   Consuetudo est quasi altera
    natura.

Prokonsul   quaestor – aedilis – praetor –
    consul

Prokonsulat
onsultieren

onsumieren, Konsum,
  Konsument

    Minimum malum fit contem-
    nendo maximum.

Kontemplation

    Natura est paucis contenta.

Kontinent, *E* Container,
  inkontinent

62 contingere

contingere, -tigī, -tāctum [tangere]	*berühren; gelingen*
continuus, -a, -um [tenēre]	*zusammenhängend*
contiō, -ōnis *f* [venīre]	*Volksversammlung; Rede*
contrā *Adv / Präp + Akk*	*gegenüber, dagegen; gegen*
contrādictiō, -ōnis *f* [dīcere]	*Widerspruch*
contrārius, -a, -um	*entgegengesetzt, gegensätzlich*
contrōversia, -ae *f* [vertere]	*Streit(igkeit)*
cōnūbium, -iī *n* [nūbere]	*Eheschließung, Ehebund*
con|venīre, -vēnī, -ventum	*zusammenkommen; passen*
conventus, -ūs *m*	*Zusammenkunft, Versammlung*
con|vertere	*umwenden, umändern*
con|vincere	*widerlegen, überführen*
con|vocāre	*zusammenrufen*
cōpia, -ae *f* [↔ inōpia]	*Vorrat, Menge; Möglichkeit*
cōpiae, -ārum *f*	*Vorräte; Truppen*
cōpiōsus, -a, -um	*reich(lich)*
cor, cordis *n*	Herz
cōram + *Abl*	*in Gegenwart (von)*
cornū, -ūs *n*	Horn; *Heeresflügel*
corōna, -ae *f*	*Kranz*, Krone
corōnāre	*bekränzen*

coronare 63

Kontingent, Kontakt	Quod satis est, cui contingit, nihil amplius optet!
Kontinuum, Kontinuität	
contra-, kontra ↔ pro, Kontrast, *Lw* kontern contradictio in adiecto conträr ▸e contrario	Contra vim non valet ius. Contraria contrariis curantur.
Kontroverse	
Konvention Konvent	
konvertieren, Konversion	
Kopie	
Cordula, *F* Courage	
coram publico	Pater, peccavi in caelum et coram te.
Corona *w* krönen	Finis coronat opus.

64 *corpus*

corpus, -oris *n*	Körper
corrigere [regere]	*berichtigen*
cor|rumpere	*verderben; bestechen*
cot(t)īdiānus, -a, -um [diēs]	*(all)täglich*
cot(t)īdiē *Adv*	*täglich*
crās *Adv*	*morgen*
creāre	*erschaffen; wählen*
creātiō, -ōnis *f*	*Erschaffung*
crēber, -bra, -brum (*Adv*: -ō)	*zahlreich, häufig*
crēdere, -didī, -ditum	*glauben, (an)vertrauen*
crēscere, crēvī, crētum	*wachsen, zunehmen*
crīmen, -inis *n*	*Vorwurf; Schuld, Verbrechen*
crīnis, -is *m*	*Haar*
crūdēlis, -e	*grausam*
crūdēlitās, -ātis *f*	*Grausamkeit*
cruor, -ōris *m*	*Blut; Mord*
crux, crucis *f*	*Kreuz*
cuī, cūius: quī, quae, quod / quis, quid	

orpulent, *F* Corps, Korps ▸corpus delicti	Mens sana in corpore sano.
orrigieren, korrekt, Korrektur	
orrumpieren, korrupt	
	Panem nostrum cottidianum da nobis hodie! Nam vita morti propior fit cotidie.
	Hodie mihi, cras tibi.
reativ, Kreatur Kreation, Kreationismus ▸creatio ex nihilo	
Credo, Kredit, akkreditieren	Quod non legitur, non creditur.
crescendo ↔ decrescendo	Crescentem sequitur cura pecuniam.
Krimi, kriminell	Nullum crimen, nulla poena sine lege.
Crux, Kruzifix ▸Via Crucis	
	Cui bono? Cuius regio, eius religio.

66 *culpa*

culpa, -ae *f*	*Schuld*
cultūra, -ae *f* [colere]	*Anbau, Pflege; Ausbildung*
cultus, -ūs *m*	*Pflege; Lebensweise*
cum + *Abl*	*(zusammen) mit*
cum + *Indikativ*	*als; (immer) wenn; indem*
cum + *Konjunktiv*	*als; weil; obwohl; während (dagegen)*
cum (prīmum)	*sobald*
▸cum ... tum	*..., besonders aber*
cūnctārī	*zögern, zaudern*
cūnctus, -a, -um	*gesamt, ganz; Pl: alle*
cupere, -iō, -īvī, -itum	*begehren, wünschen*
cupiditās, -ātis *f* / cupīdō, -inis *f*	*Begierde, Verlangen*
cupidus, -a, -um + *Gen*	*(be)gierig*
cūr	*warum? wieso?*
cūra, -ae *f*	*Sorge, Sorgfalt, Fürsorge*
cūrāre	*(be)sorgen; pflegen*
cūria, -ae *f* [vir]	*Rathaus, Ratsversammlung*
cūriōsus, -a, -um [cūra]	*aufmerksam; neugierig*

curiosus 67

xkulpieren ▸mea culpa	Invitat culpam, qui peccatum praeterit.
Kultur, Agrikultur Kult, kultivieren, Kultusministerium	
cum tempore (c. t.)	Pax vobiscum! Cum vitia prosunt, peccat, qui recte facit. Cum sis mortalis, quae sunt mortalia, cura!
Cunctator	Unus homo nobis cunctando restituit rem.
	Cuncta fluunt.
	Qui multum habet, plus cupit.
Cupido	Pestis in amicitia pecuniae cupiditas.
	Quis, quid, ubi, quibus auxiliis, cur, quomodo, quando?
Kur, Maniküre ↔ Pediküre	Non opibus mentes hominum curaeque levantur.
kurieren, Kurator, akkurat, Prokurator, Prokurist	Non curatur, qui curat.
Kurie	Curia pauperibus clausa est.
kurios	

currere, cucurrī, cursum	*laufen, eilen*
cursus, -ūs *m*	*Lauf,* Kurs
custōdia, -ae *f*	*Wache; Haft*
custōs, -ōdis *m*	*Wächter, Aufseher*

D

damnāre [~ condemnāre]	*verurteilen, ver*dammen
damnātiō, -ōnis *f*	*Verurteilung*
damnum, -ī *n*	*Verlust, Schaden*
dare, dedī, datum [-dere]	*geben*
dē + *Abl*	*von … herab, von … weg; über*
dea, -ae *f* [deus]	*Göttin*
dēbēre [habēre]	*schulden; müssen*
dēbitor, -ōris *m*	*Schuldner*
dēbitum, -ī *n*	*Schuld*
dē|cēdere	*weggehen; sterben*
decem	*zehn*
dē|cernere	*entscheiden, beschließen*
decimus, -a, -um [decem]	*zehnter*

decimus 69

urier, Curriculum, kursiv ↔ recte, kursorisch, *E* Cursor
▸iskurs ▸cursus honorum

Caelum, non animum mutant, qui trans mare currunt.

ustos, *Lw* Küster

Damnant, quod non intellegunt.

▸damnatio memoriae
▸amnum

▸atum

Do, ut des.

▸e facto ↔ de iure

De mortuis nil nisi bene.

Ceres, Diana, Iuno, Minerva, Proserpina, Venus, Vesta

▸ebet ↔ Kredit

Multos timere debet, quem multi timent.

▸ebitor(en)

Dimitte nobis debita nostra, sicut et nos dimittimus debitoribus nostris!

▸ezember, Dezennium

decem – centum – mille

▸ezernent, Dezernat

▸ezi-, Dezimale, Dezime, dezimieren

70 *decipere*

dēcipere, -iō, -cēpī, -ceptum [capere]	*täuschen*
dēclārāre [clārus]	*verkünden, erklären*
decōrus, -a, -um [decus]	*schön; anständig*
dēcrētum, -ī n [dē|cernere]	Beschluss
decus, -oris n	Schmuck, Zierde
dēdere, -didī, -ditum [dare]	*hingeben, ausliefern*
dē|dūcere	*weg-, hinführen*
de|esse, dēsum, dēfuī	*fehlen*
dēfendere, -dī, -sum [↔ offendere]	*abwehren, verteidigen*
dē|ferre	*wegbringen; hinbringen; anzeigen*
dēficere, -iō, -fēcī, -fectum [facere]	*ausgehen; abfallen*
dēfinīre [fīnīre] dēfīnītiō, -ōnis f	*abgrenzen, bestimmen* Festsetzung, Definition
dein / deinde Adv	*darauf, dann*
dēlectāre	*erfreuen, entzücken*
dēlēre, -ēvī, -ētum	*zerstören, vernichten*

delere 71

	Mundus vult decipi, ergo decipiatur.
eklarieren, Deklaration	
ekorieren	Dulce et decorum est pro patria mori.
ekret	
ekor	
eduktiv ↔ induktiv	
	Ut desint vires, tamen est laudanda voluntas.
efensiv ↔ offensiv	Felix, qui, quod amat, defendere fortiter audet.
	Quibusdam beneficia dormientibus deferuntur.
efizit, Defekt	Omnia deficiant, animus tamen omnia vincit.
efinieren per definitionem	
	Audiendum, deinde audendum.
elektieren	Variatio delectat.
Del(ete)	Ceterum censeo Carthaginem esse delendam.

72 delictum

dēlictum, -ī *n*	*Vergehen*
dēligere [legere]	*auswählen*
dē|mittere	*herabschicken; herabfallen lassen*
dē|mōnstrāre	*zeigen, beweisen*
dēmum *Adv*	*endlich, erst*
dēnique *Adv*	*endlich, schließlich*
dēns, dentis *m*	Zahn
dē|pōnere	*ab-, niederlegen; aufgeben*
dē|prehendere	*ergreifen, ertappen*
dēscendere, -dī, -scēnsum [↔ ascendere]	*herab-, hinabsteigen*
dē|scrībere	*beschreiben*
dēserere, -uī, -tum	*verlassen, im Stich lassen*
dēsīderāre	*ersehnen, verlangen*
dēsīderium, -iī *n*	*Sehnsucht, Verlangen*
dēsīgnāre [sīgnum]	*bezeichnen*
▸cōnsul dēsīgnātus	*der für das Amt bestimmte* Konsul

elikt ▸ corpus delicti	Nemo punitur pro alieno delicto.
	Deligere oportet, quem velis diligere.
emission	
monstrieren, Demonstrant, Demo(nstration)	Quod erat demonstrandum. (q. e. d.)
	Idem velle atque idem nolle, ea demum firma amicitia est.
	Est modus in rebus, sunt certi denique fines.
ental, Dentist	
ponieren, F Depot	
eszendent ↔ Aszendent, Deszendenz	
skriptiv	
sertieren, F Deserteur	
esiderat	
signiert, E Design	

74 *desinere*

dē|sinere, -siī, -situm	*ablassen, aufhören*
dē|sistere, -stitī	*ablassen, aufhören*
dē|spērāre	*die Hoffnung verlieren, verzweifeln*
dēspicere, -iō, -spexī, -spectum	*herabblicken; verachten*
deus, -ī *m*; *Pl*: d(e)ī [dea]	*Gott*
dexter, -(e)ra, -(e)rum	*rechts; günstig*
▸dextra, -ae *f* (manus)	*die rechte Hand*
diabolus, -ī *m (gr)*	Teufel
dīcere, dīxī, dictum	*sagen, sprechen, nennen*
dictātor, -ōris *m* dictum, -ī *n*	Diktator Wort, Ausspruch
diēs, -ēī *m/f*	*Tag; Termin*
dif|ferre, distulī, dīlātum	*aufschieben; sich unterscheiden*
difficilis, -e [↔ facilis]	*schwierig*
difficultās, -ātis *f* [↔ facultās]	*Schwierigkeit*
diffīdere, -ō, -fīsus sum [↔ cōnfīdere]	*misstrauen*

diffidere 75

	Lata sententia iudex desinit esse iudex.

| esperado | |

| eismus, ade, *F* adieu ▸ad maiorem Dei gloriam | Aesculapius, Apollo, Bacchus, Iup(p)iter, Mars, Mercurius, Neptunus, Pluto, Saturnus, Vulcanus |
| | Est avis in dextra melior quam quattuor extra. |

| iabolisch ▸advocatus diaboli | |

iktion, dito, *Lw* gebenedeit, vermaledeit	Dictum factum.
iktatur	
iktum, diktieren, *Lw* dichten	Nullum est iam dictum, quod non dictum sit prius.

| dies ater | Solis/Lunae/Martis/Mercurii/ Iovis/Veneris/Saturni dies |

| ifferenz ↔ Summe | Quod differtur, non aufertur. |

| iffizil | Nocere facile est, prodesse difficile. |

dīgnitās, -ātis f	Würde, Ansehen
dīgnus, -a, -um + Abl	angemessen; würdig, wert
dīligēns, -ntis [legere]	sorgfältig, gewissenhaft
dīligentia, -ae f	Sorgfalt
dīligere, -lēxī, -lēctum	hochschätzen, lieben
di|mittere	entlassen; aufgeben
dīrigere [regere]	(gerade)richten, lenken
dis|cēdere	auseinander-, weggehen
discere, didicī	lernen
dis|cernere	unterscheiden; trennen
disciplīna, -ae f	Unterricht; Fach; Erziehung
discipulus, -ī m	Schüler
discordia, -ae f [↔ concordia]	Uneinigkeit, Streit
discrīmen, -inis n [cernere]	Unterschied; Entscheidung; Gefahr
dis|pōnere	verteilen, ordnen
dis|putāre	erörtern, untersuchen
dis|sentīre, -sēnsī, -sēnsum [↔ cōn|sentīre]	verschiedener Meinung sein
disserere, -seruī, -sertum	erörtern
dis|similis, -e	unähnlich

dissimilis 77

ignität ▸ otium cum dignitate

Dignum laude virum Musa vetat mori.

Eligas, quem diligas!

Dimitte nobis debita nostra!

rigieren, Dirigent, direkt, Direktor(in)

Disce aut discede!

Docendo discimus.

skret

isziplin

Discipulus est prioris posterior dies.

iskriminierung

sponieren, Dispo(sition)

Homo proponit, sed Deus disponit.

isputant, Disput, Disputation

De gustibus non est disputandum.

issens ↔ Konsens

issertation

issimilation ↔ Assimilation

78   *dissolvere*

dis|solvere	*auflösen; (be)zahlen*
di|stāre	*entfernt sein; verschieden sein*
distinguere, -stīnxī, -stīnctum	*unterscheiden*
diū *Adv* (diūtius, diūtissimē)	*lang (länger, am längsten)*
dīversus, -a, -um [vertere]	*entgegengesetzt, verschieden*
dīves, -itis	*reich*
dīvidere, -vīsī, -vīsum	*trennen, teilen*
dīvitiae, -ārum *f* [dīves]	*Reichtum, Schätze*
dīvus / dīvīnus, -a, -um [deus]	*göttlich*
docēre, -uī, doctum	*lehren, unterrichten*
doctrīna, -ae *f*	*Belehrung; Gelehrsamkeit; Wissenschaft*
doctus, -a, -um	*gelehrt, gebildet*
dolēre, -uī	*bedauern; schmerzen*
dolor, -ōris *m*	*Schmerz, Kummer*
dolorōsus, -a, -um	*schmerzhaft*
domesticus, -a, -um	*häuslich, privat; einheimisch*
domī / domum / domō	*zu / nach / von zu Hause*
domina, -ae *f*	*Herrin*

domina 79

istanz	
istinguiert	
	Nemo potest personam diu ferre.
ivers	
	Dives ubique placet, pauper ubique iacet.
ividieren ↔ multiplizieren, Division, Individuum	Divide et impera!
	Homo doctus in se semper divitias habet.
iva	Ludit in humanis divina potentia rebus.
ozieren, Dozent, Dokument, Doktor	Dies diem docet.
oktrin	Sine doctrina vita est quasi mortis imago.
poeta doctus	Homo doctus in se semper divitias habet.
ondolieren, indolent	Cui dolet, meminit.
olores	Gaudia principium nostri sunt saepe doloris.
	Stabat mater dolorosa.
omestizieren	
omina, Madonna	

80 *dominari*

dominārī	*herrschen*
dominātiō, -ōnis *f*	*Herrschaft, Alleinherrschaft*
dominus, -ī *m*	*Herr*
domus, -ūs *f*	*Haus*

dōnāre [dōnum]	*(be)schenken*

dōnec	*so lange (als), (so lange) bis*

dōnum, -ī *n*	*Geschenk*

dormīre	*schlafen*

dubitāre	*zweifeln; zögern*
dubius, -a, -um	*zweifelhaft*

dūcere, dūxī, ductum	*ziehen, führen; halten für*
▸parvī dūcere	*geringachten*
▸id optimum dūcere	*das für das Beste halten*

dulcis, -e	*süß, angenehm*

dum	*während; solange, bis*

duo, -ae, -o	zwei

duodecim [decem]	*zwölf*
duo|decimus, -a, -um	*zwölfter*
duplex, -icis [↔ simplex]	*doppelt*

duplex　81

dominieren, dominant	Profecto fortuna in omni re dominatur.
Dominic, Dominik(a) Dom, Domizil	Domine, quo vadis? Domus propria domus optima.
Donation	Dona nobis pacem!
	Donec eris felix, multos numerabis amicos.
	Quidquid id est, timeo Danaos et dona ferentes.
Dormitorium	Bene dormit, qui non sentit, quam male dormiat.
Dubitativ dubios	Quod dubitas, ne feceris! In dubio pro reo iudicandum est.
Aquädukt, Viadukt, Duktus	Ducunt volentem fata, nolentem trahunt.
dolce, dolce vita	Dulce et decorum est pro patria mori.
	Dum spiro, spero.
Duo, Duett, *Lw* zwo	Duo cum faciunt idem, non est idem.
Dutzend Duodezimal*system* Duplikat	duodecim horae / menses

82 *durare*

dūrāre	*hart machen; dauern*
dūrus, -a, -um	*hart*
dux, ducis *m* [dūcere]	*Führer, Feldherr*

E

ē / ex + *Abl*	*aus; von … an; infolge*
ecce	*schau / schaut!*
ēdere, -didī, -ditum [dare]	*herausgeben; hervorbringen*
edere, ēdī, ēsum / com|edere	*essen*
ē|dictum, -ī *n*	*Anordnung*
ēducāre [dūcere] ē|dūcere	*erziehen* *herausführen; aufziehen*
ef|ferre, extulī, ēlātum	*hinaustragen; herausheben*
efficere, -iō, -fēcī, -fectum [facere]	*hervorbringen; bewirken*
ef|fugere, -iō, -fūgī, -fugitum	*entkommen*
egēre, -uī + *Abl*	*nötig haben*
ēgī: agere	

egi 83

durativ	Nil durare potest tempore perpetuo.
Dur ↔ Moll	Meminisse dulce est, quae fuit durum pati.
Dux ↔ Comes	Natura duce errare nullo modo possumus.
Emanzipation ▸e contrario	E duobus malis minus eligendum est.
	Ecce homo!
edieren, Edition ▸edidit (ed.)	
	Edere oportet, ut vivas, non vivere, ut edas.
Edikt	
Koedukation	
Elativ	
effizient, Effekt	
	Mortem effugere nemo potest.
	Alter alterius auxilio eget.

egō / ego (meī, mihī, mē, ā mē)	*ich (meiner, mir, mich, von mir)*
ēgredī, -ior, -gressus sum [↔ ingredī]	*heraus-, hinausgehen*
ēgregius, -a, -um [grex]	*hervorragend, ausgezeichnet*
ēlegāns, -ntis	*geschmackvoll, gewählt*
ēligere [legere]	*auslesen, auswählen*
ēloquentia, -ae *f* [loquī]	*Beredsamkeit*
emere, ēmī, ēmptum [-imere]	*nehmen, kaufen*
enim	*nämlich*
eō *Adv*	*dahin, dorthin*
eō: īre, eō, iī, itum	
eō: is, ea, id	
epistula, -ae *f* (*gr*)	*Brief*
eques, -itis *m* [equus]	*Reiter; Ritter*
equidem	*allerdings, freilich*
equitātus, -ūs *m*	*Reiterei*
equus, -ī *m*	*Pferd*
eram / erō: esse	
ergō *Adv*	*also, folglich*
ērigere [regere]	*aufrichten*

erigere 85

Ego, Egoist	Ego te absolvo.
elegant Elite	Eligas, quem diligas!
Eloquenz	
	Magis illa iuvant, quae pluris emuntur.
	Omnium enim rerum principia parva sunt.
	unde – ubi – quo? inde – ibi – eo
	Cum eo eo, cum eo eo eo.
eo ipso	
Epistel	
	miles – pedes – eques
	Eram, quod es; eris, quod sum.
ergo	Cogito, ergo sum.
Erektion	

86   *eripere*

ēripere, -iō, -ripuī, -reptum [rapere]	*entreißen*
errāre	*(umher)irren*
error, -ōris *m*	*Irrtum; Irrfahrt*
ērudīre	*bilden, unterrichten*
esse, sum, fuī, futūrus [-sēns]	*sein*
▸impedīmentō *(Dat)* esse	*hinderlich sein*
▸bonō animō *(Abl)* esse	*guten Mutes sein*
et	*und; auch*
▸et … et	*sowohl … als auch*
et|enim	*nämlich*
et|iam	*auch, noch*
ē|vādere, -sī, -sum [↔ in|vādere]	*herausgehen, entkommen*
ē|venīre, -vēnī, -ventum	*sich ergeben, sich ereignen*
ēventus, -ūs *m*	*Ausgang, Erfolg; Ereignis*
ē|vocāre	*herausrufen; vorladen*
ex / ē + *Abl*	*aus; von … an; infolge*
ex|cēdere	*heraus-, hinausgehen*
excellere	*hervorragen, sich auszeichnen*
excipere, -iō, -cēpī, -ceptum [capere]	*ausnehmen; aufnehmen*
ex|citāre [~ con-/in|citāre]	*antreiben*
excūsāre [causa]	*entschuldigen*

excusare 87

	Errare humanum est.
E Err(or)	
Essenz, essentiell, Entität, Quintessenz	Hominis est errare.
et cetera (etc.)	Et tu, Brute? / Et tu, mi fili!
	Etiam qui faciunt, oderunt iniuriam.
	Non sunt facienda mala, ut eveniant bona.
eventuell, *E* Event	Eventus stultorum magister.
evozieren	
ex-	Ex nihilo nihil.
Exzess	
exzellent, Exzellenz	Gloria in excelsis Deo!
exzeptionell	
	Periculose excitatur leo.
	Qui se excusat, accusat.

88   *exemplum*

exemplum, -ī *n*	*Beispiel*
exercēre [arcēre]	*(aus)üben*
exercitus, -ūs *m*	*Heer*
ex|hortārī / (co)hortārī	*ermuntern, ermahnen*
exigere, -ēgī, -āctum [agere]	*heraustreiben; fordern; vollenden*
exiguus, -a, -um	*knapp, gering*
ex|īre, -eō, -iī, -itum	*(her)ausgehen*
exīstimāre [aestimāre]	*schätzen, meinen*
exitus, -ūs *m* [exīre]	*Ausgang; Ergebnis*
expedīre [↔ impedīre] ▶omnibus expedit	*befreien; bereitmachen* *es nützt allen*
ex|pellere, -pulī, -pulsum	*hinausstoßen, vertreiben*
experīrī, -pertus sum [perītus]	*versuchen; erfahren*
ex|petere [~ ap|petere]	*streben nach*
explēre, -ēvī, -ētum [~ complēre]	*(er)füllen*
explicāre	*entwickeln, erklären*
explōrāre	*erkunden, untersuchen*
ex|pōnere	*aussetzen, -stellen; darlegen*

exponere 89

Exempel, Exemplar ▸exempli gratia (e. g.)	Verba docent, exempla trahunt.
Exerzieren, Exerzitien	Memoria minuitur, nisi eam exerceas. exercitus – agmen – acies
exakt	Exegi monumentum.
	Bonus intra, melior exi!
Exitus	Principiis consentiant exitus!
Expedition	
Experiment, Experte	Hominem experiri multa paupertas iubet.
explikativ, explizit	
F Explorer	
exponieren, Expo(sition), F Exposé	

90 *exprimere*

exprimere [premere]	*herauspressen; ausdrücken*
ex|sequī	*ausführen, vollziehen*
ex(s)ilium, -iī *n* [ex(s)ul]	*Verbannung*
ex|sistere, -stitī	*hervortreten; entstehen*
ex|spectāre	*ausschauen, (er)warten*
exstinguere, -stīnxī, -stīnctum	*auslöschen*
ex(s)ul, -is	*verbannt; Verbannter*
ex|tendere, -tendī, -tensum / -tentum	*ausstrecken, ausdehnen*
exterior, -ius	*äußerer*
extrā *Adv / Präp + Akk*	*außerhalb (von)*
extrēmus, -a, -um	*äußerster, letzter*

F

faber, -brī *m*	*Handwerker, Arbeiter*
fābula, -ae *f* [fārī]	*Erzählung; Theaterstück*
facere, -iō, fēcī, factum [-ficere, -ficāre]	*tun, machen*
faciēs, -ēī *f*	*Gestalt, Aussehen; Gesicht*
facilis, -e (*Adv*: facile)	*leicht (zu tun)*

facilis 91

Expressionismus
▸expressis verbis

Exekution, Exekutive

Exil

existieren, Existenz

Ab alio exspectes, alteri quod
feceris!

Exulant

xtensiv ▸in extenso

Exterieur ↔ Interieur   extra ↔ intra
xtra, extra- ↔ intra-,
  extern ↔ intern
xtrem, Extremitäten

Fabrik, fabrizieren ▸homo faber   Suae quisque fortunae faber est.

Fabel, fabulieren ▸fabula docet

Fazit, -fiz(ieren), Magnifizenz,   Dictum factum.
  Manufaktur
prima facie   Te prodet facies, turpiter cum
                                      facies.
                                    Fer firme; facilis fiet fortuna
                                      ferendo.

92 facinus

facinus, -oris *n*	*Tat; Untat*
factiō, -ōnis *f*	*(politische) Clique*
factum, -ī *n*	*Tat(sache); Ereignis*
facultās, -ātis *f*	*Möglichkeit, Fähigkeit*
fallere, fefellī	*täuschen; unbemerkt bleiben*
falsus, -a, -um *(Adv: -ō)*	*falsch*
fāma, -ae *f*	*Gerücht, Ruf, Ruhm*
famēs, -is *f*	*Hunger*
familia, -ae *f*	*Hausgemeinschaft, Familie*
familiāris, -e	*bekannt, vertraut*
fārī	*sprechen, sagen*
fās *(Nom / Akk) n*	*göttliches Recht, Gebot*
fatērī, fassus sum [-fitērī]	*gestehen, bekennen*
fatīgāre	*müde machen*
fātum, -ī *n* [fārī]	*Götterspruch, Schicksal*
favor, -ōris *m*	*Gunst*
febris, -is *f*	*Fieber*
fēlīx, -īcis	*glücklich*
fēmina, -ae *f*	*Frau; Weibchen*
fenestra, -ae *f*	*Fenster*

fenestra 93

	Fatetur facinus is, qui iudicium fugit.
akt(um) ▸de facto ↔ de iure akultät, fakultativ ▸facultas docendi	
	Spes alit et fallit.
lsifizieren ↔ verifizieren	
mos, diffamieren	Fama crescit eundo.
	Nova artificia docet fames.
pater familias (= familiae)	Familias conservari publice interest.
miliär	
	Fas est et ab hoste doceri. Fatetur facinus is, qui iudicium fugit.
atum, fatal ▸amor fati	Ducunt volentem fata, nolentem trahunt.
vorisieren, Favorit	
elix, Felizitas	Felix, qui potuit rerum cognoscere causas.
minin ↔ viril, Femininum	femina – mulier – uxor

94   *fere*

ferē / fermē *Adv*	*ungefähr, fast; in der Regel*
ferōx, ōcis [ferus]	*wild; trotzig*
ferre, ferō, tulī, lātum	*tragen, bringen*
ferrum, -ī *n*	*Eisen; Schwert*
ferus, -a, -um	*wild*
festīnāre	*eilen, sich beeilen*
festum, -ī *n*	*Fest, Feier*
fidēs, -eī *f*	*Treue, Glauben, Vertrauen*
fidēlis, -e / fīdus, -a, -um	*treu, zuverlässig*
fierī, fīō, factus sum	*werden; geschehen; gemacht werden*
fīgere, fīxī, fixum	*anheften, befestigen*
figūra, -ae *f*	*Gestalt, Figur*
fīlia, -ae *f*	*Tochter*
fīlius, -iī *m*	*Sohn*
fingere, fīnxī, fictum	*bilden; erdichten*
fīnīre	*beendigen*
fīnis, -is *m*	*Grenze, Ende, Ziel; Pl: Gebiet*
fīnitimus, -a, -um	*benachbart; verwandt*

finitimus 95

	Fere libenter homines id, quod volunt, credunt.
..uzifer, Superlativ	Fer firme; facilis fiet fortuna ferendo.
..er (*chem. Element*)	aurum – argentum – aes – ferrum
	Festina lente!
..estivität ▸ post festum	
..ides ▸ bona fide	Ferrum tuetur principem, melius fides.
..del, perfid(e)	Amicus fidus rarus.
	Fiat iustitia, et pereat mundus!
..ixieren, Kruzifix, Präfix ↔ Suffix, *Lw* fix	
..kon)figurieren	
..iliale, Filiation	O matre pulchra filia pulchrior!
..ilius	Et tu, mi fili!
..ingieren, Fiktion	Qui amant, ipsi sibi somnia fingunt.
..nit	Roma locuta, causa finita.
..nal, Finale, finalisieren, Affinität ▸ usque ad finem	Quidquid agis, prudenter agas et respice finem!

96 firmus

firmus, -a, -um [-firmāre]	*fest, stark*
flāgitium, -iī *n*	*Schande; Schandtat*
flagrāre	*brennen, lodern*
flamma, -ae *f*	Flamme
flectere, flexī, flexum	*biegen, beugen; lenken*
flōrēre, -uī	*blühen*
flōs, flōris *m*	*Blüte, Blume*
flūctus, -ūs *m*	Flut, *Strömung*
fluere, flūxī	fließen, *strömen*
flūmen, -inis *n*	Fluss, *Strom*
foedus, -eris *n*	*Bündnis, Vertrag*
fōns, fontis *m*	Quelle
fōrma, -ae *f*	Form, *Gestalt*
fortasse *Adv*	*vielleicht*
forte *Adv*	*zufällig*
fortis, -e	*stark, mutig; tapfer*
fortuītus, -a, -um (*Adv:* -ō)	*zufällig*
fortūna, -ae *f*	*Schicksal, Glück; Pl: Vermögen*
forum, -ī *n*	*Markt(platz), Forum*

forum 97

| rm, Firma, Firmung | Fer firme; facilis fiet fortuna ferendo. |

| agrant ▸in flagranti | flamma – ignis – incendium |

| ektieren, flexibel, Flexion, Zirkumflex | Flectitur iratus voce rogante deus. |

| orieren | Vivat, crescat, floreat! |
| or, Flora | Qui pingit florem, floris non pingit odorem. |

| luktuation | |
| luidum | Cuncta fluunt. Flumina tranquillissima saepe sunt altissima. |

| öderalismus, Konföderation | |

| ontäne, Fontanelle ▸ad fontes | fons – amnis – flumen – lacus – mare |

| formation, Nonkonformist, transformieren, Uniform, *Lw* Formel, formen ▸pro forma | |

| rte ↔ piano | Fortes fortuna adiuvat. |

| ortuna | Suae quisque fortunae faber est. |

| Forum Romanum | |

98 *fossa*

fossa, -ae *f*	*Graben*
frangere, frēgī, frāctum	brechen
frāter, -tris *m*	Bruder
fraus, fraudis *f*	*Täuschung, Betrug*
frequēns, -ntis	*zahlreich, häufig*
frīgidus, -a, -um	*kalt*
frīgus, -oris *n*	*Kälte*
frōns, frontis *f*	*Stirn;* Front
frūctus, -ūs *m* fruī, frūctus sum + *Abl* frūmentum, -ī *n*	Frucht, *Ertrag* *genießen* *Getreide*
frūstrā *Adv*	*vergeblich*
fuga, -ae *f* fugere, -iō, fūgī, fugitum	*Flucht* *fliehen, meiden*
fuī: esse	
fulmen, -inis *n*	*Blitz*
fundere, fūdī, fūsum	*(aus)gießen, zerstreuen*
fundus, -ī *m*	*Boden;* Grund(stück)
fungī, fūnctus sum + *Abl*	*verrichten, verwalten*

fungi 99

ossil, fossil ↔ rezent	
ragil, Fragment, Fraktion, Fraktur	
rater, Konfrater	Fratrum quoque gratia rara est.
	Celare fraudem fraus est.
requenz, frequentieren	
igid, Frigidarium ↔ Caldarium	
onfrontation	
ruktose	Ex fructu cognoscitur arbor.
rust(ration), frustrieren	
w Fuge efugium	Via hostibus, qua fugiant, munienda est.
	Tu fui, ego eris.
lminant	Procul a Iove, procul a fulmine.
sion, Infusion, konfus	
ndus, Fundament, fundamental, fundieren, Latifundien	
ngieren, Funktion	

100　*funus*

fūnus, -eris *n*	*Begräbnis*
furor, -ōris *m*	*Wahnsinn, Wut*
futūrus, -a, -um	*zukünftig*

G

gaudēre, -eō, gavīsus sum	*sich freuen*
gaudium, -iī *n*	*Freude*
generālis, -e	*allgemein*
genius, -iī *m*	*Schutzgeist*
gēns, gentis *f*	*Sippe, Geschlecht; Stamm, Volk*
genus, -eris *n*	*Geschlecht; Gattung, Art*
gerere, gessī, gestum	*tragen, führen, ausführen*
▸sē honestē gerere	*sich anständig betragen*
gladius, -iī *m*	*Schwert*
glōria, -ae *f*	*Ruhm*
glōriārī	*sich rühmen*
glōriōsus, -a, -um	*ruhmvoll*
gradus, -ūs *m* [-gredī]	*Schritt; Stufe, Rang*
grandis, -e	*groß; alt; bedeutend*
grānum, -ī *n*	Korn; Kern

urie, furios	Ira furor brevis est.
utur	Quid sit futurum cras, fuge quaerere!
	Similis simili gaudet.
w Gaudi	Verum gaudium res severa est.
eneral, generell ▸studium generale	
enius, genial ▸genius loci	
ens ▸ius gentium	Tantae molis erat Romanam condere gentem.
enus, genuin ▸sui generis	Fortuna non mutat genus.
este	Bella gerant alii, tu, felix Austria, nube!
ladiator, Gladiole	
loria, Gloriole, glorifizieren	Gloria in excelsis Deo! Ne gloriari libeat alienis bonis!
w glorreich	
rad, Regress	
randen, grandios, F Grand	
ranulat ▸cum grano salis	

102 *gratia*

grātia, -ae *f*	*Anmut; Gunst; Dank*
▸grātiās agere	*danken*
grātiā *nach Gen*	*um … willen, wegen*
grātus, -a, -um	*angenehm; dankbar*
gravis, -e	*schwer(wiegend); ernst*
gravitās, -ātis *f*	*Gewicht; Würde; Ernst*
grex, gregis *m*	*Herde, Schar*
gubernāre	*steuern, lenken*
gustus, -ūs *m*	*Geschmack*
gutta, -ae *f*	*Tropfen*

H

habēre [-(hi)bēre]	*haben, halten*
▸rēs itā sē habet.	*Es verhält sich so.*
habitāre	*wohnen, bewohnen*
habitus, -ūs *m*	*Haltung; Zustand; Kleidung*
haerēre, haesī	*hängen(bleiben)*
harēna / arēna, -ae *f*	*Sand; Kampfplatz, Arena*
haud	*nicht*
herba, -ae *f*	*Pflanze; Kraut, Gras*
herī *Adv*	*gestern*

heri 103

Grazien, graziös, gratis, Gratifikation Deo gratias exempli gratia (e. g.) gratulieren, Gratulation ▶persona (non) grata	Gratia gratiam parit.
gravierend, gravitätisch Gravitation	Graviore culpa gravior poena.
Kongregation	Qualis rex, talis grex.
Gouvernante, Gouverneur	
Gusto, *Lw* kosten, *F* goutieren	De gustibus non est disputandum.
	Gutta cavat lapidem non vi, sed saepe cadendo.
	Honos habet onus.
	In oculis animus habitat.
Habit, habituell	
kohärent, Adhäsion	Semper aliquid haeret.
Herbarium	

heri – hodie – cras

104   *hic*

hīc *Adv* hic, haec, hoc	*hier* *dieser (hier)*
hiems, -is *f*	*Winter*
hinc *Adv*	*von hier, daher; seitdem*
historia, -ae *f (gr)*	*Forschung; Geschichte,* *Erzählung*
hoc / hōc: hic, haec, hoc	
hodiē *Adv* [diēs]	*heute*
homō, -inis *m* [hūmānus]	*Mensch*
honestus, -a, -um	*ehrenhaft; anständig*
honor / honōs, -ōris *m*	*Ehre(namt)*
hōra, -ae *f*	*Stunde*
horrēre, -uī horribilis, -e horror, -ōris *m*	*starr sein, schaudern* *entsetzlich* *Schrecken, Schauder*
hortārī [cō-/ex|hortārī]	*ermuntern, ermahnen*
hospes, -itis *m*	*Gast(freund); Fremder*
hostis, -is *m*	*(Staats-)Feind*
hūc *Adv* [hic]	*hierher, hierzu*
hūmānitās, -ātis *f* hūmānus, -a, -um [homō]	*Menschlichkeit; Bildung* *menschlich; gebildet*

	humanus 105
hic et nunc	Hic Rhodus, hic salta!
Iokuspokus [< hoc est corpus]	hic – iste – ille
	ver – aestas – autumnus – hiems
	hinc – inde – illinc
Iistorie ▸pater historiae	Historiam nescire, hoc est semper puerum esse.
ad hoc	Hoc signo vinces.
	Hodie mihi, cras tibi.
homo faber	Homo homini deus.
homo ludens	Homo homini lupus.
onett	Non omne, quod licet, honestum est.
Ionorar, honorieren ▸honoris causa (h. c.)	Honos alit artes.
, *Lw* Uhr	Horas non numero nisi serenas.
orrend horribile dictu Iorror ▸horror vacui	
Iortativ	
Iospital, Hospiz, Hotel	
	Quot servi, tot hostes.
	huc – eo – illuc
Iumanität, humanitär uman, Humanismus, Humanist	Homo sum; humani nil a me alienum puto.

106 *humilis*

humilis, -e	*niedrig; demütig*
humus, -ī *f*	*Boden, Erde*

I

iacere, -iō, iēcī, iactum [-icere]	*werfen, schleudern*
iacēre, -uī	*liegen*
iactāre	*(hin und her) werfen, schleuder*
iam *Adv*	*schon, nun*
▶nōn iam	*nicht mehr*
ibī *Adv*	*da, dort*
ibīdem *Adv*	*ebendort*
id: is, ea, id	
īdem, eadem, idem	*derselbe*
idōneus, -a, -um	*geeignet*
igitur	*also, folglich*
īgnārus, -a, -um	*unwissend*
īgnis, -is *m*	*Feuer*
īgnōminia, -ae *f* [nōmen]	*Schande*

ignominia 107

Humilis nec alte cadere nec
graviter potest.

...umus

...rojekt, Projektil

Alea iacta est.

Dives ubique placet, pauper
ubique iacet.

Nullum est iam dictum, quod
non dictum sit prius.

...libi
ibidem (ibid.)

Ubi bene, ibi patria.

...d est (i. e.)
...lentisch ▸semper idem

Idem velle atque idem nolle, ea
demum firma amicitia est.

Nemo iudex, nemo testis idoneus in propria causa.

Gaudeamus igitur!

Non ignara mali miseris
succurrere disco.

Ignis aurum probat, miseria
fortes viros.

108   *ignorare*

īgnōrāre [īgnārus]	*nicht wissen, nicht kennen*
īg|nōscere, -nōvī, -nōtum	*verzeihen*
īg|nōtus, -a, -um	*unbekannt*
ille, illa, illud	*jener (dort)*
illīc *Adv*	*dort*
illinc *Adv*	*von dort*
illūc *Adv*	*dorthin*
illūstris, -e	*glänzend, berühmt*
imāgō, -inis *f*	*Bild, Abbild*
imitārī	*nachahmen*
imminēre	*hereinragen; drohen, bedrohen*
immō *Adv*	*im Gegenteil; ja sogar*
im|mōbilis, -e	*unbeweglich*
im|mortālis, -e	*unsterblich*
impedīmentum, -ī *n* [pēs]	*Hindernis; Pl: Gepäck*
impedīre [↔ expedīre]	*(be)hindern*
im|pellere, -pulī, -pulsum	*anstoßen, veranlassen*
imperāre	*befehlen, herrschen über*
imperātor, -ōris *m*	*Oberbefehlshaber, Feldherr; Kaiser*

imperator 109

gnorieren, Ignorant	Quae publice fiunt, nulli licet ignorare.
	Humanum amare est, humanum autem ignoscere est.
	Quod latet, ignotum est; ignoti nulla cupido.
	Tempora mutantur, et nos mutamur in illis.
	hic – ibi – illic
	hinc – inde – illinc
	huc – eo – illuc
uster, illustrieren, Illustrierte	
naginär, Imagination, *E* Image nitieren, Imitat	Somnus imago mortis.
nmobilie	
nmortelle	
	Impedit ira animum, ne possit cernere verum.
npuls, impulsiv	
nperativ	Imperare sibi maximum imperium est.
nperator	Ave, imperator, morituri te salutant.

110 *imperitus*

im|perītus, -a, -um	*unerfahren*
imperium, -iī *n* [imperāre]	*Befehl(sgewalt), Herrschaft, Reich*
impetrāre	*(durch Bitten) erreichen*
impetus, -ūs *m* [petere]	*Drang, Schwung; Angriff*
im|pius, -a, -um	*gottlos*
im|pōnere	*hineinlegen, auf(er)legen*
imprimere [premere]	*hineindrücken*
imprīmīs *Adv* [prīmus]	*besonders*
im|probus, -a, -um	*(moralisch) schlecht*
imprōvīsus, -a, -um [prōvidēre]	*unvorhergesehen*
impudēns, -ntis [pudor]	*schamlos, unverschämt*
in + Akk (wohin?)	*in, nach, gegen*
in + Abl (wo?)	*in, auf, bei*
inānis, -e	*leer; nichtig*
incendere, -dī, -sum [~ accendere]	*anzünden, entflammen*
incendium, -iī *n*	*Brand, Feuer*
in|certus, -a, -um	*unsicher*

incertus　111

	Leges breves esse oportet, quo facilius ab imperitis teneantur.
Imperialismus, *F/E* Empire ▸Imperium Romanum	Imperare sibi maximum imperium est.
Impetus	
Imponieren, imposant	Paribus delictis par imponenda est poena.
Imprimatur	
	Improbe Amor, quid non mortalia pectora cogis!
Improvisieren	
In memoriam	
In statu nascendi	In magnis et voluisse sat est.
	Auro loquente omnis oratio inanis est.
	flamma – ignis – incendium
	Mors certa, hora incerta.

112 *incidere*

incidere, -cidī [cadere]	*hineinfallen, geraten in*
incipere, -iō, coepī, coeptum [capere]	*anfangen, beginnen*
in|citāre [~ con-/ex|citāre]	*antreiben*
inclūdere [claudere]	*einschließen, verschließen*
incōgnitus, -a, -um [cōg|nōscere]	*unbekannt*
in|colere	*(be)wohnen*
incolumis, -e	*unversehrt*
incrēdibilis, -e [crēdere]	*unglaublich*
inde *Adv*	*von da, von dort; daher*
indicāre [dīcere] indicium, -iī *n*	*anzeigen* *Anzeige; Anzeichen*
in|dīgnus, -a, -um	*unwürdig*
in|dūcere	*einführen; verleiten*
industria, -ae *f*	*Eifer, Fleiß*
in|esse, īnsum, īnfuī	*darin sein, enthalten sein*
īnfāns, -ntis [fārī]	*unmündig; Kind*
īnferior, -ius [īnferus]	*unterer, niedriger*

inferior 113

Incidit in Scyllam, qui vult
vitare Charybdim.

Ab Iove incipiendum.

Mali homines peiore exemplo
ad pessimum facinus
incitant.

klusive ↔ exklusive, exklusiv

kognito ▶terra incognita

unde – ubi – quo? inde – ibi – eo

dikativ, Indikator, Index
diz

Amittit famam, qui se indignis
comparat.

duktion, induktiv   Ne nos inducas in tentationem!
↔ deduktiv

dustrie

fant(in), infantil   infans – puer / puella

ferior, Inferiorität

114 *inferre*

īn|ferre, intulī, illātum	*hineintragen; zufügen*
īnferus, -a, -um	*unten befindlich*
īnfimus, -a, -um	*unterster, niedrigster*
īnfīnītus, -a, -um [fīnīre]	*unendlich; unbestimmt*
īn|firmus, -a, -um	*schwach, krank*
īnflammāre [flamma]	*ent*flammen, *anzünden*
īnfrā *Adv / Präp + Akk* [īnferus]	*unterhalb*
ingenium, -iī *n* [gen-]	*Anlage, Begabung*
ingēns, -ntis	*ungeheuer, gewaltig*
ingredī, -ior, -gressus sum [↔ ēgredī]	*hineingehen; betreten*
in|hūmānus, -a, -um	*unmenschlich; ungebildet*
inimīcitiae, -arum *f* [↔ amīcitia]	*Feindschaft*
inimīcus, -a, -um [↔ amīcus]	*feindlich; Feind*
inīquus, -a, -um [↔ aequus]	*uneben, ungleich, ungerecht*
in|īre, -eō, -iī, -itum [↔ ex|īre] ▸cōnsilium inīre	*hineingehen; beginnen* *einen Entschluss / Plan fassen*
initium, -iī *n* [↔ exitus]	*Anfang, Beginn*
iniūria, -ae *f* [iūs]	*Unrecht, Ungerechtigkeit*
in|iūstus, -a, -um	*ungerecht*
innocēns, -ntis [nocēre]	*unschädlich; unschuldig*

innocens 115

‑ferno, infernalisch   inferus – inferior – infimus

‑finit, Infinitiv, Infinitesimal-
rechnung ▸ad infinitum

‑frarot, Infrastruktur   infra ↔ supra

Ingenieur

     Vicinus bonus ingens bonum.

‑grediens / Ingredienz,
ingressiv

human

     Vis legibus inimica.

itiieren, Initiale(n),   Omne initium difficile.
Initiative

jurie   Ex iniuria non oritur ius.
     Lex iniusta non est lex.

nozenz

116 *inopia*

inōpia, -ae f [↔ cōpia]	*Mangel, Armut, Not*
inquam (inquis, inquit)	*sage ich, sagte ich (... du, er / sie*
īn|sānus, -a, -um	*wahnsinnig, rasend*
īn|sequī [~ sub|sequī]	*(unmittelbar) folgen*
īnsidiae, -ārum f [sedēre]	*Hinterhalt; Anschlag*
īnsīgnis, -e [sīgnum]	*ausgezeichnet; auffallend*
īn|stāre, -stitī	*(be)drängen, drohen*
īnstituere [statuere] īnstitūtum, -ī n	*einrichten; unterrichten Einrichtung; Vorhaben*
īn|struere, -strūxī, -strūctum	*errichten; ausstatten; unter- weisen*
īnsula, -ae f	Insel
integer, -gra, -grum	*unverletzt, frisch*
intel|legere, -lēxī, -lēctum	*einsehen, verstehen*
in|tendere, -tendī, -tentum	*anspannen; beabsichtigen*
inter + *Akk*	*zwischen, unter*
interdiū *Adv* [diēs] intereā / interim *Adv*	*bei Tage inzwischen*
inter|esse, -sum, -fuī	*dazwischenliegen; teilnehmen*
▸sermōnī interesse	*am Gespräch teilnehmen*

interesse 117

	Inopiae desunt multa, avaritiae omnia.
...signien	
...stanz	
...stitution	
...stitut	
...struieren, Instrument, Instruktion	
...sulaner, isolieren	
...teger, Integrität, integrieren, Integral	
...telligent	Barbarus hic ego sum, qui non intellegor ulli.
...tendieren, Intendant, Intention, intensiv	
...ter-, intern ↔ extern, *E* Intercity ▸primus inter pares	
	interdiu ↔ noctu
...teresse, interessant	Interest rei publicae, quod homines conserventur.

118   *interficere*

interficere, -iō, -fēcī, -fectum [facere]	*töten*
interim / intereā *Adv*	*inzwischen*
interior, -ius	*innerer*
inter|īre, -eō, -iī, -itum	*zugrunde gehen*
inter|mittere	*dazwischentreten lassen, unterbrechen*
interpres, -etis *m*	*Erklärer, Dolmetscher*
interpretārī	*übersetzen, auslegen*
inter|rogāre	*(be)fragen*
inter|vallum, -ī *n*	*Zwischenraum, Zwischenzeit*
intimus, -a, -um [interior]	*innerster, vertrautester*
intrā + *Akk*	*innerhalb*
intrāre	*eintreten, betreten*
in|tuērī	*anschauen, betrachten*
in|vādere, -sī, -sum [↔ ē|vādere]	*eindringen, angreifen; befallen*
in|venīre, -vēnī, -ventum	*finden, erfinden*
in|vidēre, -vīdī, -vīsum + *Dat*	*beneiden*
invidia, -ae *f*	*Neid; Hass*
invītāre	*einladen*
invītus, -a, -um [velle]	*widerwillig, ungern*

invitus 119

nterim(*slösung*)
  Interieur ↔ Exterieur

Omnia mutantur, nihil interit.

ntermittierend

nterpret
nterpretieren, Interpretation

nterrogativpronomen

ntervall

ntim, Intimität
ntra- ↔ extra-   intra ↔ extra
⋁ entern   Bonus intra, melior exi!

ntuition, intuitiv

nvasion, invasiv

nventar, Invention, Inventur   Constat ad salutem civium
                                   inventas esse leges.

                        Probus invidet nemini.
                        Invidia gloriae comes.

                        Invitat culpam, qui peccatum
                          praeterit.

                        Gloria umbra virtutis est; etiam
                          invitam comitabitur.

120 *ipse*

ipse, ipsa, ipsum	*selbst*
īra, -ae *f*	*Zorn, Wut*
īrātus, -a, -um	*zornig, erzürnt*
īre, eō, iī, itum	*gehen*
is, ea, id	*dieser; er*
iste, ista, istud	*dieser (bei dir / euch), der da*
ita *Adv*	*so*
ita|que	*deshalb*
item *Adv*	*ebenso*
iter, itineris *n* [īre]	*Reise, Marsch; Weg*
iterum *Adv*	*zum zweitenmal, wiederum*
iubēre, iussī, iussum	*befehlen, auffordern*
▸iussī eum valēre	*ich nahm Abschied von ihm*
iūbilum, -ī *n*	Jubel, *Jauchzen*
iūcundus, -a, -um [iuvāre]	*erfreulich, angenehm*
iūdex, -icis *m* [iūs, dīcere]	*Richter*
iūdicāre	*(be)urteilen, entscheiden*
iūdicium, -iī *n*	*Urteil, Gericht*
iugum, -ī *n*	Joch, *Bergkamm*
iungere, iūnxī, iūnctum	*verbinden*

iungere 121

olipsismus, solipsistisch ▶eo ipso	Bellum se ipsum alit.
dies irae	Ira furor brevis est. Flectitur iratus voce rogante deus.
	Fama crescit eundo.
d est (i. e.)	Quid tibi pecunia opus est, si ea uti non potes? Ista quidem vis est. Ut salutaveris, ita salutaberis.
em	
inerarium	via – iter – limes
eration, iterativ	
ssiv	Lex universa est, quae iubet nasci et mori.
bilar, Jubiläum	In dulci iubilo.
	Iucundi acti labores.
	Cum te aliquis laudat, iudex tuus esse memento!
dikative, präjudizieren	Ubi iudicat, qui accusat, vis, non lex valet.
räjudiz	Ames iudicio, non amore iudices!
nktim, Junktur, S Junta	Amore, more, ore, re iunguntur amicitiae.

iūrāre	*schwören*
iūs, iūris *n*	*Recht*
▸iūs iūrandum	*Eid*
iussū cōnsulis [iubēre]	*auf Befehl des Konsuls*
iūstitia, -ae *f*	*Gerechtigkeit*
iūstus, -a, -um [iūs]	*gerecht*
iuvāre, iūvī, iūtum	*erfreuen; unterstützen*
iuvenis, -is *m*	junger *Mann*
iuventūs, -ūtis *f*	Jugend

L

lābī, lāpsus sum	*gleiten, fallen*
labor, -ōris *m*	*Anstrengung, Arbeit, Mühe*
labōrāre	*sich anstrengen, arbeiten; leide*
lacrima, -ae *f*	*Träne*
lacus, -ūs *m*	*See*
laedere, -sī, -sum	*verletzen*

laedere 123

...ror, *F/E* Jury	
...us, Jura, Jurist, Jurisdiktion, Jurisprudenz ▸ius gentium	Summum ius summa iniuria.
...ustitia, Justiz, justitiabel, Justitiar	Fiat iustitia, et pereat mundus!
...ust, Justus, justieren, justifizieren ▸bellum iustum	Aspiciunt oculis superi mortalia iustis.
	Audaces fortuna iuvat timidos-que repellit.
...venil	Gaudeamus igitur, iuvenes dum sumus!
	Quod in iuventute non discitur, in matura aetate nescitur.
...bil, *Lw* Lawine	Quanto altius ascendit homo, lapsus tanto altius cadet.
...abor(atorium)	Nil sine magno vita labore dedit mortalibus.
...borieren, Elaborat	Ora et labora!
...allis lacrimarum	Sunt lacrimae rerum.
...v Lagune	fons – amnis – flumen – lacus – mare
...dieren, Läsion	Neminem laedit, qui suo iure utitur.

124 *laetari*

laetārī	*sich freuen*
laetitia, -ae *f*	*Freude, Fröhlichkeit*
laetus, -a, -um	*fröhlich*
lapis, -idis *m*	*Stein*
lāpsus, -ūs *m* [lābī]	*Gleiten, Sturz, Fehltritt*
largus, -a, -um	*freigebig, reichlich*
latēre, -uī	*verborgen sein*
lātus, -a, -um: ferre	
lātus, -a, -um	*breit, weit*
latus, -eris *n*	*Seite, Flanke*
laudāre	*loben*
laus, laudis *f*	*Lob, Ruhm*
lavāre, lāvī, lautum	*waschen*
lectus, -ī *m*	*Bett*
lēgātiō, -ōnis *f* [lēx]	*Gesandtschaft*
lēgātus, -ī *m*	*Gesandter; Legat*
legere, lēgī, lēctum [-ligere]	*(auf-/aus)lesen*
legiō, -ōnis *f*	Legion
lēnis, -e	*mild, sanft*
lentus, -a, -um	*zäh; langsam*

lentus 125

ätare	
ätizia	Honesta res est laeta paupertas.
pidar, Lapidarium	Gutta cavat lapidem.
apsus ▸lapsus linguae / memoriae	
rgo	
tent	Ultima latet.
	Lata sententia iudex desinit esse iudex.
atifundien, Dilatation	
-, multilateral, kollateral	latus – pectus – tergum
audatio	Ut desint vires, tamen est laudanda voluntas.
magna / summa) cum laude	Dignum laude virum Musa vetat mori.
▸ Lauge	Manus manum lavat.
elegation	
ektion, Lektüre ▸venia legendi	Tolle, lege!
egionär	Vare, redde legiones!
iritus lenis	
nto	Festina lente!

126   *leo*

leō, leōnis *m*	Löwe
levāre	*erleichtern, heben*
▶sē levāre	*sich erheben, aufstehen*
levis, -e	*leicht, unbedeutend; leichtsinni*
lēx, lēgis *f*	*Gesetz; Bedingung*
▶lēgem ferre	*ein Gesetz beantragen*
▶lēgem perferre	*ein Gesetz durchsetzen*
libenter *Adv* [libet]	*gern*
liber, -brī *m*	*Buch*
līber, -era, -erum + *Abl*	*frei*
līberālis, -e	*edel, freigebig*
līberālitās, -ātis *f*	*edle Gesinnung, Freigebigkeit*
līberāre + *Abl*	*befreien*
līberī, -ōrum *m*	*Kinder*
lībertās, -ātis *f*	*Freiheit*
lībertus, -ī *m*	*Freigelassener*
libet, -uit	*es beliebt*
libīdō, -inis *f*	*Lust, Begierde*
licentia, -ae *f*	*Erlaubnis; Freiheit, Zügellosig-keit*
licet, -uit	*es ist erlaubt, man darf*
līmes, -itis *m*	*(Grenz-)Weg*
lingua, -ae *f*	*Zunge; Sprache*
liquidus, -a, -um	*flüssig*

	liquidus 127
.eo, Leon	Christianos ad leones!
.evante	Multae manus onus levant.
	Sit tibi terra levis!
.gal, legitim, *F* loyal ▸lege artis	Leges breves esse oportet.
	Libenter homines id, quod volunt, credunt.
ibretto ▸ex libris	Libri amici, libri magistri.
ibero .beral ▸artes liberales iberalität ▸*w* liefern	servus – libertus – liber Libera nos a malo! liberi – parentes O nomen dulce libertatis! servus – libertus – liber
.uodlibet ▸ad libitum .bido	Si libet, licet.
.zenz	
	Quod licet Iovi, non licet bovi.
.mes, Limit, limitieren	via – iter – limes
.nguistik, -lingual ▸lingua Latina	
.quide, liquidieren, Likör	

littera, -ae *f*	*Buchstabe; Pl: Brief; Literatur; Wissenschaft(en)*
lītus, -oris *n*	*Ufer, Strand*
loca, -ōrum *n* locāre [~ col|locāre] locus, -ī *m*	*Orte, Gegend* *(auf)stellen* *Ort, Platz, Stelle*
longē *Adv* longus, -a, -um	*weit, weitaus* lang
loquī, locūtus sum	*sprechen, reden*
lūcēre, lūxī	leuchten
lūdere, lūsī, lūsum	*spielen, scherzen*
lūdus, -ī *m*	*Spiel; Schule*
lūmen, -inis *n* [lūcēre]	Licht, Leuchte
lūna, -ae *f*	*Mond*
lupus, -ī *m* / lupa, -ae *f*	*Wolf / Wölfin*
lūx, lūcis *f* [lūcēre]	Licht
luxuria, -ae *f*	*Überfluss; Verschwendungssucht*

luxuria 129

lliteration, *Lw* Letter; literarisch, Literat	Vox audita perit, littera scripta manet.
ido	
okativ okus, Lokal, lokal ▶loco citato (l. c.)	
	Vita brevis, ars longa.
olloquium	Roma locuta, causa finita.
zide	Sol omnibus lucet.
omo ludens	Ludit in humanis divina potentia rebus.
äludium	
ımen, illuminieren	Maiorum gloria posteris quasi lumen est.
nar, *Lw* Laune	sol – luna – stellae
	Lupus in fabula.
zifer	Fiat lux!
xuriös, Luxus	

M

māchina, -ae f *(gr)*	Maschine
maerēre, -uī	*trauern, betrauern*
magis *Adv*	*mehr; eher*
magister, -trī *m*	*Lehrer,* Meister
magistra, -ae f	*Lehrerin*
magistrātus, -ūs *m*	*Amt; Beamter*
māgnificus, -a, -um [facere]	*großartig*
māgnitūdō, -inis f	*Größe*
māgnopere *Adv* [opus]	*sehr*
māgnus, -a, -um	*groß*
māiestās, -ātis f	*Größe, Hoheit*
māior, -ius (nātū)	*größer; älter*
māiōrēs, -um *m*	*Vorfahren*
male *Adv* [malus]	*schlecht*
mālle, mālō, māluī [ma(gis ve)lle]	*lieber wollen*
malum, -ī *n* [malus]	*Übel, Leid*
mālum, -ī *n*	*Apfel*
malus, -a, -um (pēior, pessimus)	*schlecht, böse, schlimm (schlechter, schlechtester)*

malus 131

deus ex machina

	Amicus Plato, sed magis amica veritas.
Magister, Master	Usus est magister optimus.
▸magister artium (M. A.)	
	Historia vitae magistra.
Magistrat	
Magnifizenz, Magnifikat	
	magnopere / valde – magis – maxime
Magnat, Magna Charta	Parva domus, magna quies.
Majestät	
Major, Majorität	magnus – maior – maximus
mos maiorum	Maiorum gloria posteris quasi lumen est.
Malefiz, *Lw* vermaledeit	Nihil agendo homines male agere discunt.
	Esse quam videri bonus malebat.
	Eritis sicut Deus, scientes bonum et malum.
ab ovo usque ad mala	Arbor mala, mala mala.
malus ↔ Bonus, Malaria, malad(e), maliziös, *F* Malheur	Mali homines peiore exemplo ad pessimum facinus incitant.

132 *mandare*

man|dāre [manus]	*anvertrauen; auftragen*
manēre, mānsī, mānsum	*bleiben; warten auf*
manus, -ūs *f*	Hand; Schar
mare, -is *n*	Meer
▶mare nostrum	*Mittelmeer*
maritimus, -a, -um	*am Meer gelegen; See-*
marītus, -ī *m*	*Ehemann*
māter, -tris *f*	Mutter
māteria, -ae *f*	(Bau-)Holz; Stoff, Materie
mātrimōnium, -iī *n*	Ehe
mātūrus, -a, -um	*reif; (recht)zeitig*
māximē *Adv*	*überaus, am meisten*
māximus, -a, -um	*größter*
mē / mē|cum: egō	
medicus, -ī *m*	*Arzt*
mediocris, -e [medius]	*mittelmäßig*
mediocritās, -ātis *f*	*Mittelmaß*
meditārī	*nachdenken*
medius, -a, -um	*mittlerer, mitten*

medius 133

Mandant, Mandat	
	Si tacuisses, philosophus mansisses.
manuell, Manufaktur, Manuskript, Manier, Maniküre ↔ Pediküre	Manus manum lavat.
Marine	fons – amnis – flumen – lacus – mare
maritim	
	coniux – maritus – uxor
Matrix, Matrone Material, materiell	Stabat mater dolorosa.
Natura	Quod in iuventute non discitur, in matura aetate nescitur.
	Sibi quisque maxime consulit.
Maximum, maximal, Max ▶Circus maximus	
Vademecum	Me vestigia terrent.
Medizin, Medikament	Medicus curat, natura sanat.
medioker Mediokrität ▶aurea mediocritas	
meditieren, Meditation	
Medium, Mezzosopran ▶in medias res	Media vita in morte sumus.

134 *melior*

melior, -ius	*besser*
melius *Adv*	*besser*
membrum, -ī *n*	*Glied; Teil(nehmer)*
meminisse	*sich erinnern*
memor, -oris + *Gen*	*sich erinnernd, eingedenk*
memoria, -ae *f*	*Erinnerung, Gedächtnis*
mēns, mentis *f*	*Geist, Verstand*
mēnsa, -ae *f* [mētīrī]	*Tisch*
mēnsis, -is *m*	Monat
mentīrī [mēns]	*lügen*
mercātor, -ōris *m*	*Kaufmann*
mercēs, -ēdis *f*	*Lohn, Sold*
merēre / merērī	*verdienen*
merī|diēs, -ēī *m* [medius]	*Mittag; Süden*
meritō *Adv* [merēre]	*verdientermaßen, mit Recht*
meritum, -ī *n*	*Verdienst*

meritum 135

)meliorieren	Melior tutiorque est certa pax quam sperata victoria. Roganti melius quam imperanti pareas!
lembran(e)	
lemento	Memini tui, memento mei!
emorieren, Memorandum Memoiren, *E* Memorial, Memory	Memoria minuitur, nisi eam exerceas.
ental, Mentalität, Mentor, Kommentar	Mens sana in corpore sano.
ensa	
nuar / Februar / März / April / Mai / Juni / Juli / August / September / Oktober / November / Dezember	mensis Ianuarius / Februarius / Martius / Aprilis / Maius / Iunius / Iulius / Augustus / Septem- / Octo- / Novem- / December
v Markt ercedes, *F* merci	
	Quod lege permittente fit, poenam non meretur.
eridian ▸ante / post meridi-em (a.m. / p.m.)	dies – meridies – vesper – nox
eriten	Amittit merito proprium, qui alienum appetit.

136 *metiri*

mētīrī, mēnsus sum	*(be)messen*
metuere, -uī	*(sich) fürchten*
metus, -ūs *m*	*Furcht*
meus, -a, -um	*mein*
mī *Vokativ*	
m(ih)ī: egō	
mīles, -itis *m*	*Soldat*
mīlitāris, -e	*soldatisch, Kriegs-*
mīlitia, -ae *f*	*Kriegsdienst*
mīlle, *Pl:* mīlia, -ium	*tausend*
▸mīlle passūs, *Pl:* mīlia passuum	*Meile*
minimus, -a, -um	*kleinster*
minor, -us	*kleiner*
minuere, -uī, -ūtum	*vermindern, verringern*
minus *Adv*	*weniger*
mīrābilis, -e	*erstaunlich, bewundernswert*
mīrārī [~ ad|mīrārī]	*sich wundern, bewundern*
mīrus, -a, -um	*erstaunlich, wunderbar*
miscēre, -uī, mixtum	*(ver)mischen*
miser, -era, -erum	*elend, unglücklich*
miseria, -ae *f*	*Elend, Unglück*
misericordia, -ae *f* [cor]	*Mitleid, Barmherzigkeit*
mittere, mīsī, missum	*(gehen) lassen, schicken*

mittere 137

...nmens, (in)kommensurabel	Metiri iniquum est commodo suo omnia.
	Oderint, dum metuant!
...nea culpa	Omnia mea mecum porto. Et tu, mi fili! Hodie mihi, cras tibi.
...ilitant ...ilitär ...iliz	miles – pedes – eques
...illennium, Milli*meter*, Promille	decem – centum – mille
...inimum, minimal ...inorität ...inuend, Minute ...inus ↔ plus, Minister	Minima non curat praetor. parvus – minor – minimus Memoria minuitur, nisi eam exerceas. paulum – minus – minime
...irabile dictu ...irakel	
...ixen, Mixtur ▸mixtum compositum	Omne tulit punctum, qui miscuit utile dulci.
	O vita, misero longa, felici brevis!
...isere, miserabel	Aeris alieni comes miseria.
...ission, Emission, *Lw* Messe	Ite, missa est!

138 *mobilis*

mōbilis, -e [movēre]	*beweglich*
moderātus, -a, -um	*maßvoll, besonnen*
modestia, -ae *f*	*Maßhalten, Bescheidenheit*
modestus, -a, -um	*maßvoll, bescheiden*
modicus, -a, -um	*mäßig, bescheiden*
modo *Adv*	*eben erst; nur*
▸modo … modo	*bald … bald*
modus, -ī *m*	*Maß; Art, Weise*
moenia, -ium *n*	*Stadtmauer(n)*
mōlēs, -is *f*	*(gewaltige) Masse*
molestus, -a, -um	*lästig, beschwerlich*
mollis, -e	*weich, mild*
mōmentum, -ī *n* [movēre]	*Kraft; Bewegung; Augenblick*
monēre [~ ad|monēre]	*erinnern, mahnen*
mōns, montis *m*	*Berg; Gebirge*
mōnstrāre	*zeigen*
monumentum, -ī *n* [monēre]	*Denkmal; Urkunde*
mora, -ae *f*	*Aufenthalt, Verzögerung*
morārī	*(sich) aufhalten, verzögern*
morbus, -ī *m*	*Krankheit*
mōrēs, mōrum *m* [mōs]	*Sitten; Charakter*

mobil, *Lw* Möbel
▸perpetuum mobile

moderato, Moderator

Mode, Modell, Modalität   Est modus in rebus, sunt certi
▸modus procedendi / vivendi   denique fines.

Mol, Mole, Molekül   Mens agitat molem.
molestieren

Moll ↔ Dur   Non est ad astra mollis e terris
                                 via.

Moment

monieren, Monitor

montan, Aventin / Caelius /   mons Aventinus / Caelius /
Kapitol / Esquilin / Palatin   Capitolinus / Esquilinus /
                                 Palatinus

Monstrum, *Lw* Monster,
Muster

Monument   Exegi monumentum.

                                 Periculum in mora!

Moratorium

morbus, morbid

mores   Honores mutant mores.

140 *mori*

morī, -ior, mortuus sum	*sterben*
mors, mortis *f*	*Tod*
mortālis, -e	*sterblich*
mortuus, -a, -um	*tot*
mōs, mōris *m*	*Sitte, Brauch, Gewohnheit*
mōtus, -ūs *m*	*Bewegung*
movēre, mōvī, mōtum	*bewegen*
mulier, -eris *f*	*Frau, Ehefrau*
multitūdō, -inis *f*	*Menge*
multum *Adv*	*viel, lange, oft, weit*
multus, -a, -um	*viel, zahlreich*
▸multō māior	*viel größer*
mundus, -ī *m*	*Welt(all)*
mūnīre	*befestigen*
mūnītiō, -ōnis *f*	*Befestigung; Festungsanlage*
mūnus, -eris *n*	*Aufgabe, Amt; Geschenk*
mūrus, -ī *m*	Mauer
mūtāre	*ändern, wechseln*

mutare 141

moribund	Memento mori!
post mortem	Mors certa, hora incerta.
Mortalität	Cum sis mortalis, quae sunt mortalia, cura!
	De mortuis nil nisi bene.
Moral ▶mos maiorum	O tempora, o mores!
Motiv, Motor	Quieta non movere!
	femina – mulier – uxor
multi-, multiplizieren ↔ dividieren ▶ad multos annos	multum – plus – plurimum Multae manus onus levant.
mondän	Mundus vult decipi, ergo decipiatur!
	Via hostibus, qua fugiant, munienda est.
Munition	
kmmun	
	Concordia civium murus urbium.
Mutation, *Lw* mausern ▶mutatis mutandis	Tempora mutantur, et nos mutamur in illis.

N

nam(que)	*denn*
nancīscī, nactus / nānctus sum	*(zufällig) erreichen*
nārrāre	*erzählen*
nāscī, nātus sum	*geboren werden, entstehen*
nātiō, -ōnis *f*	*Volksstamm*
nātūra, -ae *f*	*Wesen, Natur*
nātūrālis, -e	*natürlich; die Natur betreffend*
nātus, -a, -um	*geboren*
▸novem annōs nātus	*neun Jahre alt*
nāvālis, -e	*Schiffs-, See-*
nāvigāre [agere]	*zur See fahren, segeln*
nāvis, -is *f*	*Schiff*
-ne *Fragepartikel*	*(bleibt unübersetzt)?; ob*
nē + *Konjunktiv*	*nicht; damit nicht*
▸nē ... quidem	*nicht einmal*
nec / ne|que	*und nicht, auch nicht*
▸nec ... nec	*weder ... noch*
necāre	*töten*
necessārius, -a, -um	*notwendig; verwandt*
necesse est [cēdere]	*es ist notwendig*
necessitās, -ātis *f*	*Notwendigkeit; Not*

necessitas 143

	Nam et ipsa scientia potestas est.
arrativ	Qui dedit beneficium, taceat; narret, qui accepit!
ativ ▸in statu nascendi ation, (inter)national •naturieren ▸in natura	Nemo nascitur sapiens, sed fit.
	Natura duce errare nullo modo possumus.
aturalien, Naturell aiv ▸ante / post Christum natum (a. Chr. / p. Chr.)	Naturalia non sunt turpia.
avigieren, Navigation	Navigare necesse est, vivere non est necesse.
	ratis – navis – classis
	-ne – nonne – num?
	Ne bis in idem!
	Ne Iupiter quidem omnibus placet.
	Humilis nec alte cadere nec graviter potest.
	Omnes vulnerant, ultima necat.
Necessaire	
	Pati necesse est multa mortales mala.
	Necessitas caret lege.

144 *nefarius*

nefārius, -a, -um [fās]	*frevelhaft*
negāre	*verneinen, leugnen; behaupten, dass nicht*
neg|legere, -lēxī, -lēctum	*vernachlässigen, nicht beachten*
neg|ōtium, -iī *n*	*Geschäft, Aufgabe*
nēmō, *Dat:* nēminī	*niemand*
ne|que / nec	*und nicht, auch nicht*
▸neque … neque	*weder … noch*
▸neque enim	*denn nicht*
▸neque quisquam	*und niemand*
▸neque vērō	*aber nicht*
nervus, -ī *m*	*Sehne; Saite*
ne|scīre	*nicht wissen*
nihil / nīl	*nichts*
nimis / nimium *Adv*	*allzu(sehr)*
nimius, -a, -um	*übermäßig; zu groß, zu viel*
nisi / nī [sī]	*wenn nicht*
nītī, nīsus / nīxus sum + *Abl*	*sich stützen; sich anstrengen*
▸cōnsiliō nītī	*sich auf den Rat verlassen*
nix, nivis *f*	*Schnee*
nōbilis, -e [nōscere]	*berühmt; adlig, vornehm*
nōbilitās, -ātis *f*	*Berühmtheit; Adel*

nobilitas 145

egieren, negativ ↔ positiv	Nitimur in vetitum semper cupimusque negata.
Negligé	
	Beatus ille, qui procul negotiis.
	Neminem laedit, qui suo iure utitur.
erv, nervös	Nervus rerum gerendarum pecunia.
	Vincere scis, Hannibal, victoria uti nescis.
ihilismus ▸ creatio ex nihilo	Nihil sine causa fit. Nil nocere.
	Ne quid nimis! Omne nimium nocet.
	De mortuis nil nisi bene.
nitent	Nitimur in vetitum semper cupimusque negata.
Nivea«	
bel obilität	

nocēre	*schaden*
noctū *Adv* [nox]	nachts
nocturnus, -a, -um	nächtlich
nōlle, nōlō, nōluī [nō(n ve)lle]	*nicht wollen*
nōmen, -inis *n*	Name
nōmināre	*(be)nennen*
nōn	*nicht*
nōn modo / sōlum ... sed etiam	*nicht nur ... sondern auch*
nōn|dum	*noch nicht*
nōn|ne	*(etwa) nicht?; ob nicht*
nōn|nūllus, -a, -um	*mancher*
nōnus, -a, -um [novem]	neunter
nōs (nostrī / nostrum, nōbīs, nōs, ā nōbīs)	*wir (unser, uns, uns, von uns)*
nōscere, nōvī, nōtum	*kennenlernen*
nōsse / (cōg)nōvisse	*kennen, wissen*
noster, -tra, -trum [nōs]	*unser*
nota, -ae *f*	*Merkmal, Zeichen*
notāre	*bezeichnen*
nōtus, -a, -um [nōscere]	*bekannt*

nnozenz	Quod nocet, docet.
	noctu ↔ interdiu
Nocturne	
nolens volens	Quod tibi fieri non vis, alteri ne feceris!
omen, Pronomen	Nomen est omen.
▸nomen nescio / nominandum (N. N.)	
ominieren, Nominativ	
onkonformismus	Non omnis moriar.
▸non plus ultra	
	nondum – iam – non iam
	-ne – nonne – num?
one, Nonen	
Deo volente, nobis viventibus	Nemo nostrum non peccat.
	Nosce te ipsum!
	Quam quisque norit artem, in hac se exerceat!
aternoster	Panem nostrum cottidianum da nobis hodie!
ote	
otar, notieren, Notation	
▸nota bene (NB)	
otiz	

novem	neun
novus, -a, -um	neu(artig)
▸homō novus	*Neuling (als erster der Familie im Senat)*
nox, noctis *f*	Nacht
nūbere, nūpsī, nūptum + *Dat*	(einen Mann) heiraten
nūdus, -a, -um	nackt
n|ūllus, -a, -um	*kein*
num *Fragepartikel*	*etwa?; ob*
nūmen, -inis *n*	göttliches Walten; Gottheit
numerāre	*zählen, rechnen*
numerus, -ī *m*	*Zahl, Anzahl*
n|umquam	*niemals*
nunc *Adv*	nun, *jetzt*
nūntiāre	*melden*
nūntius, -iī *m*	*Bote; Nachricht*
nūper *Adv*	*neulich, kürzlich*
nux, nucis *f*	Nuss

nux   149

November

ovum, Novität, Novize,   Nihil novi sub sole.
  Novelle, renovieren

quinoktium   dies – meridies – vesper – nox
▸ius primae noctis

                             Bella gerant alii, tu, felix
                             Austria, nube!

udist ▸nuda veritas

ull, annullieren   Nulla salus bello.

                             -ne – nonne – num?

uminos

umerieren   Horas non numero nisi serenas.
ummer, Numerale, nume-
risch, Numero
▸numerus clausus (NC)

                             numquam – raro – saepe –
                             semper

ic et nunc   Nunc est bibendum.

enunzieren, Denunziant
untius

                             nuper – nunc – mox

n nuce

O

ō	o!
ob + *Akk*	*gegen, entgegen; wegen*
▸ob eam rem / quamobrem	*deswegen*
obicere, -iō, -iēcī, -iectum [iacere]	*entgegenwerfen, vorwerfen*
oblīvīscī, -lītus sum	*vergessen*
oboedīre [audīre]	*gehorchen*
obscūrus, -a, -um	*dunkel; unklar*
ob|servāre	*beobachten; beachten*
obses, -idis *m/f*	*Geisel*
obsidēre, -sēdī, -sessum [sedēre]	*belagern*
ob|stāre, -stitī	*entgegenstehen, hindern*
obtinēre, -uī, -tentum [tenēre]	*besetzt halten, behaupten*
occāsiō, -ōnis *f*	*Gelegenheit*
occidēns, -ntis *m* (sōl)	*Westen*
occidere, -cidī [cadere]	*untergehen; umkommen*
occīdere, -cīdī, -cīsum [caedere]	*niederhauen, töten*
occultāre	*verbergen, verstecken*
occultus, -a, -um	*verborgen, geheim*
occupāre [capere]	*besetzen, einnehmen*

O tempora, o mores!

Oblate, Offerte, ostentativ

Objekt, objektiv ↔ subjektiv

Pecuniae oboediunt omnia.

obskur

observieren, Observatorium

Obsession

Principiis obsta!

okkasionell   Calamitas virtutis occasio.
Okzident ↔ Orient   (sol) oriens / occidens
    Nondum omnium dierum sol
      occidit.

okkult, Okkultismus

okkupieren, Okkupation

152 *occurrere*

oc|currere, -currī, -cursum	*entgegenlaufen, begegnen*
octāvus, -a, -um	achter
octō	acht
oculus, -ī *m*	Auge
ōdisse	*hassen*
odium, -iī *n*	*Hass, Abneigung*
odor, -ōris *m*	Geruch
offendere, -dī, -sum [↔ dēfendere]	*anstoßen, angreifen; beleidigen*
of|ferre, obtulī, oblātum	*entgegenbringen, anbieten*
officium, -iī *n* [opus, facere]	*Dienst, Pflicht*
olēre, -uī	*riechen; stinken*
ōlim *Adv*	*einst*
ōmen, -inis *n*	*Vorzeichen*
o|mittere	*unterlassen*
omnīnō *Adv*	*überhaupt, völlig*
omnis, -e	*ganz; jeder; Pl: alle*
onus, -eris *n*	Last
opera, -ae *f* [opus]	*Arbeit, Mühe*
opēs, -um *f*	*Macht(mittel); Reichtum*

opes 153

	Abducet praedam, qui occurrit prior.
ktave, Oktett ktober	
kular	Oculi plus vident quam oculus.
dium	Odi et amo. Veritas odium parit.
eo(dorant)	Qui pingit florem, floris non pingit odorem.
fensiv ↔ defensiv	
ferieren, Offerte, Oblate	
fiziell, Offizier ▸ex officio	
	Pecunia non olet.
	Aspera disce pati, patientia proderit olim!
men, ominös	Nomen est omen.
nni-, Omnibus ▸consensus omnium	Omnia vincit amor, et nos cedamus amori!
nus probandi	Leve fit, quod bene fertur, onus.
peration	Multorum opera res turbantur.
ulent	Ubi amici, ibi opes.

154 *opinari*

opīnārī	*meinen, vermuten*
opīniō, -ōnis *f*	*Meinung, Vermutung*
oportet, -uit	*es gehört sich, man muss*
oppidum, -ī *n*	*befestigter Platz, Stadt*
op|pōnere	*entgegenstellen; einwenden*
opportūnus, -a, -um [portus]	*günstig, geeignet*
opprimere [premere]	*be-, unterdrücken; überrascher*
op|pūgnāre	*angreifen*
optāre	*wünschen*
optimātēs, -ium *m*	*Aristokraten*
optimus, -a, -um	*bester*
opus, -eris *n*	*Werk*
▶opus est + *Abl*	*es ist nötig*
ōra, -ae *f*	*Küste*
ōrāculum, -ī *n*	*Orakel(stätte)*
ōrāre	*reden; bitten, beten*
ōrātiō, -ōnis *f*	*Rede*
ōrātor, -ōris *m*	*Redner*
orbis, -is *m*	*Kreis*

orbis 155

communis opinio

Deligere oportet, quem velis diligere.

oppidum

vicus – colonia – oppidum – urbs

opponieren, Opposition

opportun, Opportunist

optieren, Option, Optativ

Quod satis est, cui contingit, nihil amplius optet!

Optimaten ↔ Populæren
optimal, Optimist ↔ Pessimist

Domus propria domus optima.

opus, Oper, operieren
▸opere citato (op. cit.)

Quid tibi pecunia opus est, si ea uti non potes?

orakeln
Oratorium

Orandum est, ut sit mens sana in corpore sano.

oratio pro domo

Qualis vir, talis oratio.

orbit, exorbitant
▸orbis pictus

156 *ordo*

ōrdō, -inis *m*	*Reihe,* Ordnung; *Stand*
oriēns, -ntis *m* (sōl)	*Osten*
orīgō, -inis *f* orīrī, ortus sum	*Ursprung* *sich erheben, entstehen*
ōrnāmentum, -ī *n* ōrnāre	*Ausrüstung; Schmuck* *ausrüsten; schmücken*
ōs, ōris *n*	*Mund; Gesicht*
os, ossis *n*	*Knochen*
os|tendere, -tendī, -tentum	*zeigen, darlegen*
ōtium, -iī *n*	*freie Zeit, Muße, Ruhe*
ōvum, -ī *n*	*Ei*

P

pācāre [pāx] pactum, -ī *n*	*befrieden, unterwerfen* *Abmachung, Vertrag*
paene *Adv*	*beinahe, fast*
pallium, -iī *n*	*Mantel*
pānis, -is *m*	*Brot*

Orden, Ordinarius, ordinär, Ordinalzahl	Virum bonum natura, non ordo facit.
Orient ↔ Okzident, Orientierung	Ex oriente lux.
Original, originell, *E* Aborigines	
	Sic orimur, sic vivimus, sic morimur.
Ornament	
Ornat	
oral	Amore, more, ore, re iunguntur amicitiae.
Ossarium	Sero venientibus ossa.
ostentativ	
otium cum dignitate	Otia dant vitia.
oval, Ovarien, Ovulation ▸ab ovo	
Pakt, *Lw* Pacht	Pacta sunt servanda.
Pänultima	
Palliativmedizin	Tunica propior pallio est.
panieren ▸panem et circenses	Panem nostrum cottidianum da nobis hodie!

158 *par*

pār, paris	*gleich*
parāre	*(vor)bereiten; sich anschicken*
parcere, pepercī + *Dat*	*sparen, schonen*
parēns, -ntis *m/f* parentēs, -um *m*	*Vater / Mutter* *Eltern*
parere, -iō, peperī, partum	*hervorbringen, gebären;* *erwerben*
pārēre, -uī	*gehorchen*
pars, partis *f*	*Teil; Seite*
partēs, -ium *f* particeps, -cipis [capere] + *Gen* partim *Adv*	*Partei; Rolle* *beteiligt* *zum Teil, teils*
parum *Adv*	*zu wenig*

parvus, -a, -um (minor,
  minimus)
	klein, gering (kleiner, kleinster,
	  minimus)

passim *Adv* passus, -ūs *m* [patēre]	*überall* *(Doppel-)Schritt*
pāstor, -ōris *m*	*Hirte*
pater, -tris *m*	*Vater*
patēre, -uī	*offen stehen; sich erstrecken*

patere 159

aritätisch, *Lw* Paar ▶primus inter pares	Paribus delictis par imponenda est poena.
arieren (1), präparieren, reparieren, parat, Apparat, separat	Si vis pacem, para bellum!
	Bonis nocet, qui malis parcit.
arentalgeneration ↔ Filialgeneration	parens – pater – mater Faciendum id nobis, quod parentes imperant. Gratia gratiam parit.
arieren (2)	Necessitati parendum.
artie, partiell, Partikel, Partner, Partitur, *E* Party ▶pars pro toto art artizip, partizipieren	Nihil est ab omni parte beatum.
	parum – satis – nimis / nimium
	Parva domus, parva cura.
ssim ssus, Pass, passieren	
stor, Pastorale, Quempas	Quem pastores laudavere.
ter, Paternoster	Pater noster, qui es in coelis!
tent	

160   *pati*

patī, -ior, passus sum	*leiden, dulden, zulassen*
patientia, -ae *f*	*Ausdauer, Geduld*
patria, -ae *f* [pater]	*Vaterland, Heimat*
patricius, -a, -um	*(alt)adelig, patrizisch; Patrizier*
patrius, -a, -um	*väterlich; heimatlich, heimisch*
patrōnus, -ī *m*	*Schutzherr*
paucus, -a, -um	*wenig*
paulum *Adv*	*ein wenig*
pauper, -eris [parere]	*arm*
paupertās, -ātis *f*	*Armut*
pavor, -ōris *m*	*Angst*
pāx, pācis *f*	*Friede*
peccāre	*sich vergehen, sündigen*
peccātum, -ī *n*	*Vergehen, Sünde*
pectus, -oris *n*	*Brust*
pecūnia, -ae *f*	*Vermögen, Geld*
pecus, -oris *n*	*Vieh, Kleinvieh*
pedes, -itis *m* [pēs]	*Fußsoldat*
pēior, -ius	*schlechter*
pellere, pepulī, pulsum	*stoßen, schlagen; vertreiben*
penātēs, -ium *m*	*Hausgötter; Haus, Heim*

penates 161

atient, passiv, Passion, Passiv ↔ Aktiv Patience(n)	Pati necesse est multa mortales mala. Quo usque tandem abutere, Catilina, patientia nostra?
xpatriieren ↔ repatriieren ▶pater patriae atrizier ↔ Plebejer patria potestas atron, Patrone	Ubi bene, ibi patria. patronus – cliens
	Audi multa, loquere pauca! paulum – minus – minime Dives ubique placet, pauper ubique iacet. Hominem experiri multa paupertas iubet.
azifik, Pazifismus	Pax vobiscum!
	Pater, peccavi. Invitat culpam, qui peccatum praeterit.
ngina pectoris	latus – pectus – tergum
kuniär	Pecunia non olet.
	miles – pedes – eques
jorativ	malus – peior – pessimus
opeller, Puls, pulsieren	Nunc vino pellite curas!
naten	

162 *pendere*

pendēre, pependī	*(herab)hängen*
pendere, pependī, pēnsum	*abwägen; zahlen*
per + *Akk*	*durch (… hindurch)*
percipere, -iō, -cēpī, -ceptum [capere]	*erfassen, wahrnehmen*
perdere, -didī, -ditum [dare]	*zugrunde richten; verlieren*
per|dūcere	*hinführen*
per|ferre	*hinbringen; ertragen*
perficere, -iō, -fēcī, -fectum [facere]	*durchsetzen, vollenden*
pergere, perrēxī, -rēctum [regere]	*fortfahren; aufbrechen*
perīculōsus, -a, -um	*gefährlich*
perīculum, -ī *n* [perītus]	*Gefahr*
per|īre, -eō, -iī, -itum	*zugrunde gehen*
perītus, -a, -um	*kundig, erfahren*
per|manēre, -mānsī, -mānsum	*bleiben; fortdauern*
per|mittere	*überlassen, erlauben*
perniciēs, -ēī *f*	*Verderben*
perniciōsus, -a, -um	*verderblich*
perpetuus, -a, -um [petere]	*andauernd, fortwährend*

perpetuus 163

w Pendel
ensum

er ▸per pedes | Per angusta ad augusta.

perdu | Stultum facit Fortuna, quem vult perdere.

erfekt, Perfekt, Imperfekt, Plusquamperfekt

| | Audit, quod non vult, qui pergit dicere, quod vult. |

| | Periculose excitatur leo. Periculum in mora! |

| | Vox audita perit, littera scripta manet. |

ermanent

ermissiv | Quod lege permittente fit, poenam non meretur.

erniziös

erpetuieren
▸perpetuum mobile

164 *persequi*

per|sequī	*verfolgen*
persōna, -ae f	*Maske, Rolle; Person*
perspicere, -iō, -spexī, -spectum	*durchschauen; genau betrachten; erkennen*
per|suādēre, -suāsī, -suāsum + ut / AcI	*überreden / überzeugen*
▶persuāsum est mihī	*ich bin überzeugt*
per|terrēre	*erschrecken, einschüchtern*
pertinēre, -tinuī [tenēre]	*sich erstrecken, sich beziehen*
per|turbāre	*verwirren, stören*
per|venīre, -vēnī, -ventum	*(ans Ziel) gelangen*
pēs, pedis m [-pedīre]	Fuß
pessimus, -a, -um	*schlechtester, sehr schlecht*
pestis, -is f	*Seuche, Pest; Unheil*
petere, -īvī, -ītum	*zu erreichen suchen: eilen, erbitten; angreifen*
▶cōnsulātum petere	*sich um das Konsulat bewerben*
philosophia, -ae f (gr)	Philosophie
philosophus, -ī m (gr)	Philosoph
pietās, -ātis f [pius]	*Pflichtgefühl, Frömmigkeit*

pietas 165

ersonal, personell ▶persona (non) grata	Nemo potest personam diu ferre.
erspektive	
ersuasiv, persuasorisch	
Parvenu	
edal, Pediküre ↔ Maniküre ▶per pedes	
essimist ↔ Optimist	malus – peior – pessimus
	Pestis in amicitia pecuniae cupiditas.
etition	Multa petenti desunt multa.
hilosophieren	
	Si tacuisses, philosophus mansisses.
ietät, Pietismus, I Pietà	

166 *pingere*

pingere, pīnxī, pictum	*malen*
piscis, -is *m*	Fisch
pius, -a, -um	*pflichtgetreu, fromm*
placēre, -uī	*gefallen*
▸senātuī placet	*der Senat beschließt*
placidus, -a, -um	*ruhig, sanft*
plānē *Adv*	*deutlich, völlig*
plānus, -a, -um	*flach, eben; deutlich*
plēbēius, -a, -um	*nichtpatrizisch;* Plebejer
plēbs, plēbis *f*	Plebs, *gemeines Volk*
plēnus, -a, -um + *Gen / Abl*	voll
plērīque, -aeque, -aque / plūrimī, -ae, -a	*die meisten, sehr viele*
plūs, plūris	*mehr*
poena, -ae *f*	Strafe
poēta, -ae *m (gr)*	Dichter
pollicērī	*versprechen*
pondus, -eris *n*	Gewicht
pōnere, posuī, positum	*legen, setzen, stellen*

ponere 167

ittoresk ▸orbis pictus

Qui pingit florem, floris non
pingit odorem.

ius, Pia

lacebo / Plazebo, Plazet

Aliena nobis, nostra plus aliis
placent.

lan, Plan, Plane, planen

lebejer ↔ Patrizier
lebiszit

lenum, Plenar-

Plenus venter non studet
libenter.
multi – plures – plurimi /
plerique

lus, Plus ↔ Minus, Plural
↔ Singular

v verpönen, Pein

Nulla poena sine lege.

et, Poem, Poesie

Aut prodesse volunt aut
delectare poetae.

nd (p), Imponderabilien,
Lw Pfund

sition, Positur, positiv
↔ negativ, *Lw* Pose, Posten,
Post

168   *pons*

pōns, pontis *m*	*Brücke*
pontifex, -ficis *m* [facere?]	*Priester*

populārēs, -ium *m*	*Volkspartei*
populāris, -e	*volksfreundlich, volkstümlich, beliebt*
populus, -ī *m*	*Volk*

porta, -ae *f*	*Tor, Tür*
portāre	*tragen, bringen*
portus, -ūs *m*	*Hafen*

poscere, poposcī	*fordern, verlangen*

posse, possum, potuī [pot-]	*können, vermögen*

possessiō, -ōnis *f*	*Besitz*
possidēre, -sēdī, -sessum [sedēre]	*besitzen*

post *Adv / Präp + Akk*	*hinten, danach / hinter, nach*
posteā *Adv*	*danach, später*
posterī, -ōrum *m*	*Nachkommen, Nachwelt*
posterus, -a, -um (posterior, postrēmus)	*(nach)folgend (späterer, letzter)*
post|quam	*nachdem, seitdem*
postrēmō *Adv*	*zuletzt, schließlich*

postulāre	*fordern, verlangen*

postumus, -a, -um [post]	*spät-, nachgeboren*

postumus 169

Ponton

ontifex, Pontifikat
▸Pontifex maximus

opularen ↔ Optimaten
opulär, Pop(ularmusik)

opulation, Populismus,   Vox populi vox Dei.
  Lw Pöbel

ortal, *F* Portier, *Lw* Pforte   Hannibal ante portas.
o-, ex-, im-, transportieren   Omnia mea mecum porto.
ort   Flumina et portus publica sunt.

otential, Potentialis, potentiell Felix, qui potuit rerum cogno-
                                      scere causas.

ossessivpronomen   Beati possidentes.

ost Christum natum (p. Chr.)

                                  antea ↔ postea
                                  Maiorum gloria posteris quasi
                                    lumen est.

ura posterior

                                  postquam ↔ antequam
                                  primum – deinde – tum –
                                    postremo

ostulieren, Postulat

ostum [*nicht posthum!*]

170 *potens*

potēns, -ntis	*mächtig*
potentia, -ae *f*	*Macht, Gewalt*
potestās, -ātis *f*	*Amtsgewalt, Macht; Möglichkeit*
potior, -ius	*wichtiger, besser*
potīrī + *Abl* / *Gen*	*sich bemächtigen*
▶imperiō / rērum potīrī	*die Herrschaft erlangen*
potissimum *Adv*	*hauptsächlich, besonders*
potius *Adv*	*vielmehr, eher, lieber*
prae + *Abl*	*vor; im Vergleich mit*
praebēre [habēre]	*hinhalten, gewähren*
▶sē virum praebēre	*sich als Mann erweisen*
praeceps, -cipitis [caput]	*kopfüber; abschüssig*
praeceptum, -ī *n*	*Vorschrift; Lehre*
praecipere, -iō, -cēpī, -ceptum [capere]	*vorschreiben*
praecipitāre [praeceps]	*(sich herab)stürzen*
prae|clārus, -a, -um	*glänzend, hochberühmt*
praeda, -ae *f*	*Beute*
prae|esse, -sum, -fuī + *Dat*	*an der Spitze stehen, leiten*
▶magistrātuī praeesse	*ein Amt bekleiden*
praefectus, -ī *m* [facere]	*Befehlshaber, Präfekt*
prae|ferre	*vorantragen; vorziehen*
prae|mittere	*vorausschicken*
praemium, -iī *n*	*Belohnung*

praemium 171

...m)potent, potenzieren	Numquam est fidelis cum potente societas.
...otenz	Ludit in humanis divina potentia rebus.
...patria potestas	
	Prior tempore, potior iure.
	Potius sero quam numquam.
...rä-	
	labi – cadere – praecipitare
	Omnia praeclara rara.
	Abducet praedam, qui occurrit prior.
...äferenz, Prälat	
...ämisse	
...ämie	Quale opus, tale praemium.

172 *praesens*

praesēns, -ntis [↔ absēns]	*anwesend, gegenwärtig*
praesidium, -iī *n* [sedēre]	*Schutz; Besatzung*
praestāns, -ntis	*vorzüglich*
prae|stāre, -stitī	*voranstehen; leisten, erweisen*
▸eī virtūte praestāre	*ihn an Tapferkeit übertreffen*
▸officium praestāre	*seine Pflicht erfüllen*
praestat	*es ist besser*
praeter + *Akk*	*an ... vorbei; außer*
praintereā *Adv*	*außerdem*
praeter|īre, -eō, -iī, -itum	*vorbeigehen; übergehen*
praeter|mittere	*vorübergehen lassen*
praetor, -ōris *m* [īre]	Prätor
precārī	*bitten, beten*
precēs, -um *f*	*Bitten, Gebet*
prehendere, -dī, prehēnsum	*fassen, ergreifen, nehmen*
premere, pressī, pressum [-primere]	*drücken, pressen*
pretium, -iī *n*	*Wert; Preis, Lohn*
prīmō *Adv*	*anfangs, zuerst*
prīmum *Adv*	*zum erstenmal*
prīmus, -a, -um	*vorderster; erster*

primus   173

ˈräsens, präsentieren, Präsenz, Präsentation	Praesenti ne credas fortunae!
ˈräsidium, Präsident	Malorum poena praesidium est bonis.
	Accipere quam facere praestat iniuriam.
räteritum	
ˈraeteritio, Präteritum	O mihi praeteritos referat si Iuppiter annos!
rätorianer, Proprätor	Minima non curat praetor.
rekär	
w Prise	
ression, *Lw* Presse	
reziosen	
rimus, prima (1a), Primzahl, Primat, Prime, primär, primitiv, *Lw* Primel	primum – deinde – tum prima / secunda / tertia / quarta vigilia

174 *princeps*

prīnceps, -cipis *(m)* [capere]	erster, vornehmster; *der führende Mann, Fürst*
prīncipātus, -ūs *m*	erste Stelle; Vorrang
prīncipium, -iī *n*	Anfang; Grundlage
prior, -ius (*Adv:* prius)	vorderer; früher
prius|quam	ehe, bevor
prīvāre + *Abl*	berauben
prīvātim *Adv*	privat, *als Privatmann*
prīvātus, -a, -um	privat, *persönlich*
prō + *Abl*	vor; für; anstelle; im Verhältnis zu
probābilis, -e	wahrscheinlich
probāre	prüfen; beweisen; billigen
probus, -a, -um	tüchtig; rechtschaffen
prō|cēdere	vor(wärts)gehen, vorrücken
procul *Adv*	fern, weit
prōdere, -didī, -ditum [dare]	bekanntmachen, verraten; überliefern
prōd|esse, prōsum, prōfuī	nützen
prōdigium, -iī *n*	Wunderzeichen
prō|dūcere	vor-, weiterführen; hervorbringen

producere 175

Prinzeps, Prinz, Prinzipal	Ferrum tuetur principem, melius fides.
Prinzipat	
Prinzip	Principiis obsta!
Prior, Priorität ▸a priori ↔ a posteriori	Prior tempore, potior iure.
	priusquam ↔ postquam
Deprivation	
Privatissimum	Privatum commodum publico cedit.
Pro-, pro ↔ kontra, Proprätor, Prokonsul ▸pars pro toto	Si Deus pro nobis, quis contra nos?
probieren, Proband, Approbation, probat, *Lw* Probe ▸onus probandi	Qui nimis probat, nil probat.
	Probus invidet nemini.
prozedere, Prozess, Prozession, Prozessor ▸modus procedendi	
	Procul a Iove, procul a fulmine.
	Prodenda, quia prodita.
pros(i)t	Aut prodesse volunt aut delectare poetae.
produzieren, Produkt	

176 proelium

proelium, -iī n	Gefecht, Kampf
profectō Adv [factum]	in der Tat, wirklich
prō|ferre	hervorbringen; ausdehnen
proficīscī, -fectus sum [facere]	aufbrechen; ausgehen von
profitērī, -fessus sum [fatērī]	offen erklären
pro|fundus, -a, -um	tief
prōgredī, -ior, -gressus sum [gradus]	vorrücken, fortschreiten
prohibēre [habēre]	abhalten, (ver)hindern
prō|mittere	versprechen
prōmptus, -a, -um [emere]	sichtbar; bereit; entschlossen
prō|nūntiāre	verkünden
prope Adv / Präp + Akk	nahe, beinahe / nahe bei
properāre	eilen; beschleunigen
propinquus, -a, -um [prope] propior, -ius	nahe(stehend), verwandt näher
prō|pōnere	vorstellen, vorsetzen; vorschlagen
proprius, -a, -um	eigen, eigentümlich

proprius 177

	certamen – pugna – proelium
	Profecto fortuna in omni re dominatur.
Profession, Profi, Professor	
profund	
Progression, progressiv	
Prohibition, Prohibitiv	Suo iure uti nemo prohibetur.
	Quod dare non possis, noli promittere verbis!
prompt	
	Tunica propior pallio est.
	Homo proponit, sed Deus disponit.
proper ▸ manu propria (m. p.)	Domus propria domus optima.

178 *propter*

propter + *Akk*	*nahe bei; wegen*
proptereā *Adv*	*deshalb*
prosper(us), -era, -erum	*günstig, glücklich*
prō|vidēre, -vīdī, -vīsum	*vorhersehen; (vor)sorgen*
▸salūtī prōvidēre	*für das Wohl sorgen*
prōvincia, -ae *f*	*Amtsbereich;* Provinz
proximus, -a, -um [prope]	*nächster; letzter*
prūdēns, -ntis [prō|vidēre]	*klug, umsichtig*
prūdentia, -ae *f*	*Klugheit, Umsicht*
pūblicus, -a, -um [populus]	*öffentlich, staatlich*
pudor, -ōris *m*	*Scham, Scheu, Ehrgefühl*
puella, -ae *f*	*Mädchen*
puer, -erī *m*	*Junge, Kind*
▸ā puerō / puerīs	*von Kindheit an*
puerīlis, -e	*kindlich; kindisch*
pūgna, -ae *f*	*Kampf, Schlacht*
pūgnāre	*kämpfen*
pulcher, -chra, -chrum	*schön*
pūnctum, -ī *n*	Punkt
pūnīre [poena]	*(be)strafen*

punire 179

post hoc, non propter hoc

prosperieren

Provision, Provisorium

provinziell, *F* Provence

approximativ | Proximus est sibi quisque.

| Quidquid agis, prudenter agas et respice finem!

urisprudenz

Publik, Publikum, publizieren ▸coram publico | Quae publice fiunt, nulli licet ignorare.

| Quod non vetat lex, hoc vetat fieri pudor.

| Quot caelum stellas, tot habet tua Roma puellas. infans – puer – adulescens

pueril | Sunt pueri pueri, pueri puerilia tractant.

| certamen – pugna – proelium

| O matre pulchra filia pulchrior!

Punktum!, (Inter-)Punktion, punktuell ▸in puncto | Omne tulit punctum, qui miscuit utile dulci.

| Punitur, ne peccetur, non quia peccatum est.

180 *purus*

pūrus, -a, -um	*rein, klar*
putāre	*meinen, glauben, halten für*

Q

quā *Adv*	*wo?, wie?; wo*
quaerere, -sīvī, -sītum [-quīrere]	*suchen; fragen*
▸ā / dē / ex tē aliquid quaerere	*dich nach etwas fragen*
▸dē morte eius quaerere	*über seinen Tod eine Untersuchung anstellen*
quaestiō, -ōnis *f*	*Frage; Untersuchung*
quaestor, -ōris *m*	Quästor
quālis, -e	*wie (beschaffen), was für ein(?)*
quam *Adv*	*wie (sehr)?*
▸quam māximus	*möglichst groß*
▸māior quam	*größer als*
quam / quā: quī, quae, quod	
quamobrem	*weswegen?; deswegen*
quamquam	*obwohl; gleichwohl*
quandō	*wann?; als*

pur, Purist, Puritaner, *Lw* pürieren	Puras Deus, non plenas aspicit manus.
	Non est beatus, esse qui se non putat.

qua

akquirieren, exquisit, Inquisition	Quid sit futurum cras, fuge quaerere!
Quästur	quaestor – aedilis – praetor – consul
Qualität, Qualifikation, disqualifizieren	Qualis rex, talis grex.
	Tam de se iudex iudicat quam de reo.
	Potius sero quam numquam.
	Quam quisque norit artem, in hac se exerceat!
	Quis, quid, ubi, quibus auxiliis, cur, quomodo, quando?

182 *quanto*

quantō … tantō	*je … desto*
quantus, -a, -um	*wie groß(?), wie viel(?)*
▸tantus … quantus	*so groß … wie*
quārē [quī, rēs]	*wodurch?; warum?; deswegen*
quārtus, -a, -um [quattuor]	*vierter*
quasi	*wie wenn; gleichsam*
quattuor	*vier*
-que	*und*
quem: quī, quae, quod	
quemadmodum / quōmodo	*auf welche Weise?, wie?*
querī, questus sum	*(be)klagen; sich beklagen*
quī *Adv*	*wie?*
quī, quae, quod	*wer(?), welcher(?)*
quī-, quae-, quodcumque	*wer / welcher auch immer*
quī-, quae-, quod- / quiddam	*ein gewisser; Pl: einige*
quia	*weil*
quid: quis, quid	
quidem	*zwar, wenigstens, freilich, wirklich*

quidem 183

	Quanto altius ascendit homo, lapsus tanto altius cadet.
Quantum, Quant(en), Quantität, quantifizieren	
Quarte, Quartal, Quartär, Quartett, Quartier	prima / secunda / tertia / quarta vigilia
quasi	Consuetudo est quasi altera natura.
	quattuor vigiliae
	Arma virumque cano.
Quempas	Quem pastores laudavere.
Querele, Querulant	Quis tulerit Gracchos de seditione querentes?
Quorum	Qui tacet, consentire videtur.
	Quibusdam beneficia dormientibus deferuntur.
	Prodenda, quia prodita.
	Ridentem dicere verum quid vetat?
	Ista quidem vis est.

184   *quies*

quiēs, -ētis *f*	*Ruhe*
quiētus, -a, -um	*ruhig*

quīn [quī *Adv*]	*warum nicht?; dass; der / die / das nicht*
▸Nēmō est, quīn veniat.	*Jeder kommt.*
▸Nōn dubitō, quīn veniat.	*Ich zweifle nicht daran, dass er kommt.*
quīn etiam	*ja sogar*

quīnque	*fünf*
quīntus, -a, -um	*fünfter*

quis, quid	*wer?, was?*
quisquam, quicquam	*(irgend)jemand, -etwas*
quis|que, quae|que, quid|que / quod|que	*jeder (einzelne)*
▸optimus quisque	*gerade die Besten*
quis|quis, quid|quid	*wer auch immer, was auch immer*

quō: quī, quae, quod	
▸quō … eō	*je … desto*
quō *Adv*	*wohin?, wozu?*
quod	*dass; weil*
quod: quī, quae, quod	
quōmodo / quemadmodum	*auf welche Weise?, wie?*

quoniam	*da ja, weil nun*

quoniam 185

uietismus
quitt

Parva domus, magna quies.
Quieta non movere!

inquennium
uinte, Quintus, Quintett,
Quintessenz,
Lw Quentchen

Quis, quid, ubi, quibus auxiliis,
cur, quomodo, quando?
Nec mortem effugere quisquam
nec amorem potest.
Suum cuique.

Quidquid discis, tibi discis.

Homines, quo plura habent, eo
cupiunt ampliora.

Domine, quo vadis?

odlibet

Quod scripsi, scripsi.

Quis, quid, ubi, quibus auxiliis,
cur, quomodo, quando?

quoque *nachgestellt*	*auch*
quot *unveränderlich*	*wie viele(?)*
quotiēns	*wie oft?*

R

rādere, -sī, -sum	*kratzen, schaben*
rapere, -iō, -uī, -tum	rauben, *fortreißen*
rapīna, -ae *f*	Raub
rārus, -a, -um (*Adv:* -ō)	*selten, vereinzelt*
ratiō, -ōnis *f* [rērī]	*Berechnung, Überlegung;* Vernunft; Art und Weise; Theorie
▸ratiōnem reddere	*Rechenschaft geben*
ratis, -is *f*	*Floß; Schiff*
recēns, -ntis	*frisch, neu*
recipere, -iō, -cēpī, -ceptum [capere]	*zurücknehmen; aufnehmen*
▸sē recipere	*sich zurückziehen; sich erhole*
re|citāre	*vorlesen, vortragen*
recordārī [cor]	*sich erinnern*
rēctor, -ōris *m* [regere]	*Lenker, Leiter*
rēctus, -a, -um	*gerade; richtig*

rectus 187

Fratrum quoque gratia rara est.

Quot capita, tot sensus.

uotient

dieren, rasant, rasieren
▸tabula rasa

pid(e)

, Rarität   Rara sunt cara.

tio, Ration, rational,   Ratio legis est anima legis.
F Räson

ratis – navis – classis

zent ↔ fossil

ipieren, Rezipient, Rezept,
Rezeption
zeptor, *E* Receiver

itieren, Rezitativ, Rezitator

kord, Rekorder

ktorat ▸spiritus rector
te ↔ kursiv   Rectius vivas oportet, ut
                                   beatius vivas.

188 *recuperare*

recuperāre [capere]	*wiedererlangen*
recūsāre [causa]	*ablehnen, sich weigern*
reddere, -didī, -ditum [dare] ▶īrātum reddere	*zurückgeben; machen zu* *zornig machen*
red|īre, -eō, -iī, -itum reditus, -ūs *m*	*zurückkehren* *Rückkehr*
re|dūcere	*zurückführen, zurückziehen*
re|ferre, rettulī, relātum	*(zurück)bringen; berichten*
reficere, -iō, -fēcī, -fectum [facere]	*wiederherstellen*
regere, rēxī, rēctum [-r(i)gere]	*(richten:) lenken, leiten*
regiō, -ōnis *f*	*Richtung; Gegend*
rēgius, -a, -um [rēx] rēgnāre	*königlich* *König sein, herrschen*
rēgnum, -ī *n*	*Königreich; Herrschaft*
reicere, -iō, -iēcī, -iectum [iacere]	*zurückwerfen, zurückweisen*
religiō, -ōnis *f*	*heilige Scheu; Götterverehrun*
relinquere, -līquī, -lictum reliquus, -a, -um	*zurücklassen, verlassen* *übrig*
re|manēre, -mānsī	*(zurück)bleiben*
re|mittere	*nachlassen; zurückschicken*

remittere 189

Vare, redde legiones!
Vestis virum reddit.

...duzieren, Reduktion

...erieren, Referendum, Refe-
rendar, Referent, Referat,
Relation, relativ ↔ absolut

Relata refero.

...fektorium

...gieren, Regiment, Regel,
Rektion, *F* Regie, Regime
...gion, Regiolekt, Interregio

Tu regere imperio populos,
   Romane, memento!
Cuius regio, eius religio.

...omus) Regia

Quid faciant leges, ubi sola
   pecunia regnat?
...erregnum
Adveniat regnum tuum!

...ligion, religiös

Cuius regio, eius religio.

...ikt
...iquie

...nanenz

...nittende, Remise, *F* Remis

190 *removere*

re|movēre, -mōvī, -mōtum	*wegschaffen, entfernen*
re|pellere, reppulī, repulsum	*zurückstoßen, abweisen*
repēns, -ntis (*Adv*: -e) / repentīnus, -a, -um	*plötzlich, unerwartet*
reperīre, repperī, repertum	*(wieder)finden*
re|petere repetītiō, -ōnis *f*	*zurückfordern; wiederholen* *Wiederholung*
re|prehendere	*festhalten; tadeln*
repudiāre [pudor]	*zurückweisen, verschmähen*
requiēscere, -quiēvī, -quiētum [quiēs]	*ruhen, sich erholen*
requīrere [quaerere]	*aufsuchen; nachforschen*
rērī, ratus sum	*rechnen, meinen*
rēs, reī *f*	*Sache, Ding; Angelegenheit*
rēs adversae	*Unglück*
rēs familiāris rēs gestae rēs mīlitāris rēs novae rēs pūblica rēs secundae	*Vermögen* *Taten, Leistungen; Ereignisse* *Kriegswesen* *Umsturz* *Gemeinwesen, Staat* *Glück*
re|sistere, -stitī	*Widerstand leisten*
respicere, -iō, -spexī, -spectum	*zurückblicken; beachten*

respicere 191

Remover

Vim vi repellere licet.

Repertoire

petieren, Repetitor
epetition

Repetitio est mater studiorum.

equiem

Requiescat in pace! (RIP)

quirieren, Requisit

te, ratifizieren

)real, Realis, Irrealis, reell
▸rebus sic stantibus

Rem tene, verba sequentur!

Adversae res admonent religionum.

publik

Res publica est res populi.

istent, *F* Résistance

spekt, respektive (resp.)

Respice post te, hominem te esse memento!

192 respondere

respondēre, -spondī, -spōnsum	antworten; entsprechen
re|stāre, -stitī	zurückbleiben, übrigbleiben
restituere [statuere]	wiederherstellen; zurückerstatten
retinēre, -uī, -tentum [tenēre]	zurück-, festhalten
reus, -ī m [rēs]	Angeklagter
revertī, -or, -tī, -sum [vertere]	zurückkehren
re|vocāre	zurückrufen; wieder rufen
rēx, rēgis m	König
rīdēre, -sī, -sum	lachen
rīpa, -ae f	Ufer
rogāre	fragen, bitten
rōstra, -ōrum n	Rednertribüne (auf dem Forum)
ruīna, -ae f	Einsturz; Pl: Trümmer
rūmor, -ōris m	Gemurmel, Gerücht, Ruf
rumpere, rūpī, ruptum	brechen, sprengen
rūrsus Adv	rückwärts; wieder
rūs, rūris n	Land
rūsticus, -a, -um	ländlich, bäuerlich
▸vīlla rūstica	Landhaus, Landgut

orrespondieren, Korrespon-
 denz

w Rest

stituieren | Unus homo nobis cunctando restituit rem.

In dubio pro reo.

r)reversibel

ex, Regina | Novus rex, nova lex.

dikül | Ridendo dicere verum.

viera

Roganti melius quam imperanti pareas!

ostra

uin, Ruine

moren

rupt, Eruption

stikal | rus ↔ urbs
rusticus ↔ urbanus

S

sacer, -cra, -crum	*heilig; verflucht*
sacerdōs, -ōtis *m/f* [dare]	*Priester / Priesterin*
sacrificium, -iī *n* [facere]	*Opfer*
sacrum, -ī *n*	*Heiligtum; Opfer; Pl: Gottes-dienst*
saeculum, -ī *n*	*Zeitalter; Jahrhundert*
saepe *Adv*	*oft*
saevus, -a, -um	*wütend, grimmig*
sāl, salis *m*	*Salz; Meer*
saltāre	*tanzen, springen*
salūs, -ūtis *f*	*Wohl; Rettung; Gruß*
salūtāre	*(be)grüßen*
salvē / salvēte	*sei / seid gegrüßt!*
salvus, -a, -um	*wohlbehalten, unverletzt*
sānāre [sānus]	*heilen*
sānctificāre [facere]	*heiligen*
sānctus, -a, -um [sacer]	*heilig; ehrwürdig*
sānē *Adv* [sānus]	*wirklich*
sanguis, -inis *m*	*Blut*
sānus, -a, -um	*gesund; verständig*

sanus 195

kral, Sakrament, Sakrileg, Sakristei, sakro-	Auri sacra fames!
kular, Säkularisation	hora – dies – mensis – annus – saeculum
	numquam – raro – saepe – semper
line ▸cum grano salis	Nihil utilius sale et sole.
lto	Hic Rhodus, hic salta!
lut lutieren lve lvieren	Salus populi suprema lex esto! Morituri te salutant. ave(te) – salve(te) – vale(te)
natorium	Medicus curat, natura sanat.
nkt (St.), Sanktion, sakrosankt	Sanctificetur nomen tuum! Gloria Patri et Filio et Spiritui Sancto!
nguiniker	
nieren, sanitär, Sani(täter)	Mens sana in corpore sano.

196 *sapere*

sapere, -iō, -īvī / -iī	*schmecken; verständig sein*
sapiēns, -ntis	*verständig, weise*
sapientia, -ae *f*	*Einsicht; Weisheit*
satis / sat *Adv*	*genug*
saxum, -ī *n*	*Fels, Felsblock*
scelerātus / scelestus, -a, -um	*verbrecherisch, frevelhaft*
scelus, -eris *n*	*Verbrechen, Frevel*
schola, -ae *f (gr)*	Schule
scientia, -ae *f*	*Wissen(schaft)*
scī|licet *Adv* [scī(re) licet]	*offenbar, natürlich*
scīre	*wissen, verstehen*
scrībere, scrīpsī, scrīptum	schreiben
sē: suī	
sēcrētus, -a, -um [cernere]	*abgesondert, geheim*
secundum + *Akk*	*entlang; gemäß*
secundus, -a, -um [sequī]	*zweiter; günstig*
sēcūrus, -a, -um [cūra]	*sorglos, sicher*
sed	*aber, sondern*

sed 197

	Sapere aude!
homo sapiens	Stulti timent fortunam, sapientes ferunt.
atisfaktion, saturieren	Sat celeriter fit, quidquid fit satis bene.
	Saxa loquuntur.
	Avaritia prima scelerum mater.
cholastiker	Non scholae, sed vitae discimus.
Science fiction	Nam et ipsa scientia potestas est.
sc. / scil.	Vincere scis, Hannibal, victoria uti nescis.
kript, Manuskript, *Lw* Schrift ▶post scriptum (PS)	Scribere scribendo, dicendo dicere disces.
	Bellum se ipsum alit.
kret, Sekretär(in)	
kunde, sekundär	
Security	
	Amicus Plato, sed magis amica veritas.

198 *sedere*

sedēre, sēdī, sessum [-sidēre, -sīdere]	sitzen
sēdēs, -is *f*	Sitz; *Wohnsitz*
sēditiō, -ōnis *f* [īre]	*Aufruhr, Zwist*
semper *Adv*	immer
senātor, -ōris *m*	Senator
senātus, -ūs *m*	Senat, *Senatsversammlung*
senectūs, -ūtis *f*	*(hohes) Alter*
senex, senis *m*	*alt; Greis*
sēnsus, -ūs *m*	*Empfinden, Gefühl, Sinn; Verstand*
sententia, -ae *f*	*Meinung; Satz; Urteil*
sentīre, sēnsī, sēnsum	*empfinden, fühlen, wahrnehmen; meinen*
sepelīre, -īvī, sepultum	*bestatten, begraben*
septem	sieben
septimus, -a, -um	sieb(en)ter
sepulcrum, -ī *n* [sepelīre]	*Grab*
sequī, secūtus sum + *Akk*	folgen
serēnus, -a, -um	heiter
sermō, -ōnis *m*	*Gespräch; Sprache*
sērō *Adv*	*spät, zu spät*
servāre	*erhalten, bewahren*

servare 199

Residenz	Sero venientes male sedentes.
ession, *E* Session	
	Quis tulerit Gracchos de seditione querentes?
semper idem	Semper aliquid haeret.
SPQR (senatus populusque Romanus)	
enior, senil	iuventus – senectus iuvenis – vir – senex
onsens, Sensualismus, Sensation	Quot capita, tot sensus.
entenz	Quot homines, tot sententiae.
entimental, sensibel	Bene dormit, qui non sentit, quam male dormiat.
eptember	septem colles / montes
eptime, Septett	
equenz	Gloria virtutem tamquam umbra sequitur.
erenissimus	Horas non numero nisi serenas.
ermon	Imago animi sermo est.
erenade	Sero venientes male sedentes.
servieren, Reserve, Reservat	Pacta sunt servanda.

200   *servire*

servīre	*dienen*
servitium, -iī *n*	*Sklavendienst, Sklaverei*
servitūs, -ūtis *f*	*Sklaverei, Knechtschaft*
servus, -ī *m*	*Sklave*
seu … seu / sī|ve … sī|ve	*sei es, dass … oder dass*
sevērus, -a, -um	*ernst, streng*
sex	sechs
sextus, -a, -um	sechster
sī	*wenn; ob*
sibi: suī	
sīc	so
sīc|ut(ī)	*(so) wie*
sīgnificāre [facere]	*bezeichnen; bedeuten*
sīgnum, -ī *n*	*Zeichen, Feldzeichen; Bild, Plastik*
silentium, -iī *n*	*Schweigen, Stille*
silva, -ae *f*	*Wald*
sim: esse	
similis, -e	*ähnlich*
simplex, -icis [↔ duplex]	*einfach; schlicht*
simul *Adv*	*zugleich*
simul(ac / -atque)	*sobald (als)*

simul   201

ervieren	Animo imperabit sapiens, stultus serviet.
Service	
ervus!, servil	Quot servi, tot hostes.
everin	Verum gaudium res severa est.
exte, Sextus, Sextett	
	Si tacuisses, philosophus mansisses.
	Sibi quisque maxime consulit.
ic!	Sic orimur, sic vivimus, sic morimur. Eritis sicut Deus.
gnifikant gnieren, resignieren, Signal, *Lw* Segen	Hoc signo vinces.
ilentium!	
via, Silvester, Transsilvanien	
	Sit venia verbo!
similieren, Assimilation ↔ Dissimilation	Similia similibus curantur.
mplex ↔ Kompositum, Simpel, simpel, Simplizität	Veritatis sermo est simplex.
multan	

202 *simulacrum*

simulācrum, -ī n	Bild; Trugbild
simulāre	so tun, als ob; vortäuschen

sīn [sī]	wenn aber

sine + *Abl*	ohne

sinere, sīvī, situm	lassen, zulassen

singulāris, -e	einzeln; einzigartig
singulī, -ae, -a	einzeln(e); je einer

sinister, -tra, -trum	links; ungünstig

sistere, stetī / stitī, statum	zum Stehen bringen; sich stellen

sitis, -is f	Durst

situs, -a, -um	gelegen, befindlich
situs, -ūs m	Lage, Stellung

sī|ve … sī|ve / seu … seu	sei es, dass … oder dass

societās, -ātis f	Gemeinschaft, Bündnis

socius, -iī m	Gefährte, Bundesgenosse

sōl, sōlis m	Sonne

sōlārī / cōn|sōlārī	trösten; lindern

solēre, -eō, solitus sum	gewohnt sein, pflegen

sōlitūdō, -inis f [sōlus]	Einsamkeit, Verlassenheit

solli|citāre	beunruhigen; aufwiegeln

sollicitare 203

mulieren, Simulant	Simulare certe est hominis.
sine tempore (s. t.)	Sine ira et studio.
	Arma(que) in armatos sumere iura sinunt.
ngular ↔ Plural, singulär Single	Cave multos, si singulos non times!
	dexter – medius – sinister
ssistent, insistieren	
	sitis – fames
tuation, situiert ▶in situ	
	Consuetudo sive bona sive mala quasi altera natura est.
zietät	Numquam est fidelis cum potente societas.
zius, sozial, Sozi(alist), Assoziation	
lar-, Solarium	Sole oriente fugiunt stellae.
litüde	

204 *solum*

solum, -ī n	*Grund, Boden*
sōlus, -a, -um	*allein, einsam*
solvere, -vī, solūtum	*lösen; (be)zahlen*
somnium, -iī n somnus, -ī m	*Traum* *Schlaf*
sonāre, -uī	*(er)tönen, klingen*
sonus, -ī m	*Ton, Klang, Laut*
soror, -ōris f	*Schwester*
sors, sortis f	*Los, Schicksal*
spatium, -iī n	*Raum; Strecke; Zeitraum*
speciēs, -ēī f [-spicere]	*Aussehen; Anschein; Art*
spectāculum, -ī n spectāre	*Schauspiel* *schauen, betrachten*
spērāre	*erwarten, hoffen*
spēs, speī f	*Erwartung, Hoffnung*
spīrāre	*wehen, atmen*
spīritus, -ūs m	*Lebenshauch, Atem; Geist*
splendidus, -a, -um	*glänzend, prächtig*

splendidus 205

w Sohle

olo, Solist | Soli Deo gloria!

olvent ↔ insolvent, Insolvenz

| Vita somnium breve.
omnambul | Somnus imago mortis.

onsonant ↔ Vokal, Disso-
nanz, Resonanz, Sonate
onor, unisono

| soror – frater

ortiment, *Lw* Sorte | Nemo sorte sua contentus est.

patium, *Lw* spazieren | Da spatium vitae, multos da,
Iuppiter, annos!

ezies, speziell, spezifisch,
Spezi ▸ prima specie
ektakel, spektakulär

| Spectatum veniunt, veniunt
spectentur ut ipsae.

speranto | Una salus victis nullam sperare
salutem.
n spe | Spes alit et fallit.

spirieren, Inspiration, | Dum spiro, spero.
konspirativ
iritus, Spiritist, spirituell, | Gloria Patri et Filio et Spiritui
Spirituosen, Sprit, | Sancto!
E Spiritual, *F* Esprit

206   *spoliāre*

spoliāre + *Abl*	*berauben, plündern*
sponte (meā, tuā ...)	*aus eigenem Antrieb, von selbst*
stabilis, -e	*feststehend; dauerhaft*
stāre, stetī, statum	stehen
statim *Adv*	*sofort*
statiō, -ōnis *f*	*Standort; Posten*
statua, -ae *f*	*Standbild, Statue*
statuere, -uī, -ūtum [-stituere]	*aufstellen; festsetzen, beschließe*
status, -ūs *m* [stāre]	*Zustand*
stēlla, -ae *f*	Stern
sternere, strāvī, strātum	*hinbreiten, hinstrecken*
stipendium, -iī *n*	*Abgabe, Steuer; Sold*
struere, strūxī, strūctum	*(auf)schichten, errichten*
studēre, -uī + *Dat*	*sich bemühen, streben nach*
studiōsus, -a, -um	*eifrig, bemüht, interessiert*
studium, -iī *n*	*Eifer, Bemühung; (wissen- schaftliche) Betätigung*
stultus, -a, -um	*dumm, töricht*
suādēre, suāsī, suāsum	*raten*
suāvis, -e	*süß, angenehm*

suavis 207

∘polien

∘pontan, Sponti | Omnia sponte fluant, absit
violentia rebus!

∘tabil ↔ instabil, etablieren
∘tatur, Stativ ▶stante pede | Stabat mater dolorosa.

∘tation

∘tatuieren, Statut
∘tatus, *Lw* Staat
  ▶status quo / quo ante

∘tella, Konstellation | Sole oriente fugiunt stellae.

∘ubstrat ↔ Superstrat,
  Lw Straße

∘tipendium

∘onstruieren, konstruktiv
  ↔ destruktiv, Struktur

∘udieren, Student(in) | Plenus venter non studet
libenter.

∘studiosus philosophiae
  (stud. phil.)
∘udium, Etüde
  ▶studium generale

| Stulti timent fortunam,
sapientes ferunt.

∘ada | Tantum religio potuit suadere
malorum.
Fortiter in re, suaviter in modo.

208   *sub*

sub + *Akk (wohin? wann?)*	*unter; gegen*
sub + *Abl (wo?)*	*unter*
subicere, -iō, -iēcī, -iectum [iacere]	*unterwerfen*
sub|īre, -eō, -iī, -itum	*auf sich nehmen, erdulden*
subitus, -a, -um (*Adv:* -ō)	*plötzlich*
sub|sequī [~ in|sequī]	*(unmittelbar) folgen*
subsidium, -iī *n* [sēdēs]	*Reserve(truppen); Hilfe*
sub|venīre, -vēnī, -ventum	*zu Hilfe kommen*
suc|cēdere	*nachfolgen; gelingen*
suc|currere, -currī, -cursum	*zu Hilfe eilen*
suffrāgium, -iī *n* [frangere]	*Abstimmung; Wahlrecht*
suī (sibi, sē, ā sē)	*seiner, ihrer (sich, sich, von sich*
sum: esse	
sūmere, -psī, -ptum	*nehmen*
summa, -ae *f*	*Hauptsache; Gesamtheit, Summe*
summus, -a, -um	*oberster, höchster*
sūmptus, -ūs *m* [sūmere]	*Aufwand, Kosten*
super *Adv / Präp + Akk, Abl*	*darüber / über, oben auf*

super 209

sub-
▶sub voce (s. v.)

Subjekt, subjektiv ↔ objektiv

Subsidiarität

Subvention

sukzessiv   Malis mala succedunt.

                                   Non ignara mali miseris
                                   succurrere disco.

Suffragette

                                   Bis vincit, qui se vincit in
                                   victoria.

                                   Sum, quod eris; quod es, ante
                                   fui.

Resümee   Arma(que) in armatos sumere
                                   iura sinunt.

summieren, Summand
▶summa summarum
▶summa cum laude   Summum ius summa iniuria.

super(-), Superlativ, Super-
   markt

210 *superare*

superāre	*übertreffen, überwinden; übrig sein*
superbia, -ae *f*	*Hochmut, Stolz*
superbus, -a, -um	*prächtig; überheblich, stolz*
super|esse, -sum, -fuī	*übrig sein; übertreffen*
superior, -ius	*höher; überlegen; früher*
superstitiō, -ōnis *f*	*Aberglaube*
superus, -a, -um [super]	*oben befindlich*
supplex, -icis	*(kniend) demütig bittend*
supplicium, -iī *n*	*(knien bei:) Gebet; Strafe; Hinrichtung*
suprā *Adv / Präp + Akk*	*oberhalb / über (… hinaus)*
suprēmus, -a, -um [super]	*höchster; letzter*
surgere, surrēxi, -rēctum [regere]	*sich erheben*
suscipere, -iō, -cēpī, -ceptum [capere]	*aufnehmen, übernehmen*
suspicārī	*argwöhnen, vermuten*
suspicere, -iō, -spexī, -spectum	*emporblicken; beargwöhnen*
suspīciō, -ōnis *f*	*Verdacht, Vermutung*
sustinēre, -uī [tenēre]	*stützen; aushalten*
sustulī, sublātum: tollere	
suus, -a, -um	*sein, ihr (eigener)*

suus 211

> Quidquid erit, superanda om-
> nis fortuna ferendo est.

superb, süperb, (Tarquinius)
  Superbus

superus – superior – supremus

(di) superi ↔ inferi

Sopran, supranational
Supremat(ie)

supra ↔ infra
Salus populi suprema lex esto!

suspekt

Sustine et abstine!

suo tempore

Suum cuique pulchrum.

T

tabula, -ae *f* ▸lēx duodecim tabulārum	*Brett*, Tafel; *Gemälde* *Zwölftafelgesetz (um 450 v. Chr.)*
tacēre, -uī	*(ver)schweigen*
tālis, -e	*so beschaffen, solch ein*
tam *Adv*	*so (sehr)*
tamen	*dennoch*
tam|quam	*(gleich) wie, gleichsam*
tandem	*endlich; eigentlich?*
tangere, tetigī, tāctum [-tingere]	*berühren*
tantum(modo) *Adv* tantus, -a, -um	*nur* *so groß; so viel*
tardus, -a, -um	*langsam, spät*
tē / tē|cum: tū	
tēctum, -ī *n* tegere, tēxī, tēctum	*Dach; Haus* *decken, bedecken; schützen*
tellūs, -ūris *f*	*Erde, Boden*
tēlum, -ī *n*	*Geschoss; Waffe*
temere *Adv* temeritās, -ātis *f*	*unbesonnen* *Unbesonnenheit*

temeritas 213

Tab(ulator), Tabelle, Tablett,
   Tablette ▸ tabula rasa

tacet	Cum tacent, clamant.
	Quale opus, tale praemium.
	Tam de se iudex iudicat quam de reo.
	Ut desint vires, tamen est laudanda voluntas.
	Amicus est tamquam alter ego.
	Quo usque tandem?
tangieren, Tangente, Takt	Noli me tangere!
Tantiemen	Tantum religio potuit suadere malorum.
retardieren	Velocem tardus assequitur.
Tedeum	Hominem te esse memento!
Protektion	Sit tibi terra levis mollique tegaris arena!
Tellurium	
	tela – arma

temperantia, -ae f	*Mäßigung*
temperāre [tempus]	*maßvoll sein, mäßigen*
▸hostī temperāre	*den Feind schonen*
▸rem pūblicam temperāre	*den Staat lenken*
tempestās, -ātis f	*Zeit; Sturm, Unwetter*
templum, -ī n	*heiliger Bezirk; Tempel*
temptāre	*versuchen*
temptātiō / tentātiō, -ōnis f	*Probe; Versuchung*
tempus, -oris n	*Zeit; Lage, Umstände*
tendere, tetendī, tentum	*spannen, dehnen*
tenēre, -uī, tentum [-tinēre]	*halten, festhalten*
tenuis, -e	*dünn, zart; schwach*
tergum, -ī n	*Rücken*
terminus, -ī m	*Grenze, Ziel, Ende*
terra, -ae f	*Erde, Land*
terrēre	*(er)schrecken*
terror, -ōris m	*Schrecken*
tertius, -a, -um [trēs]	*dritter*
testimōnium, -iī n	*Zeugenaussage, Zeugnis*
testis, -is m	*Zeuge*

testis   215

temperieren, Temperament,
Temperatur

Templer	templum – aedes
	Multa ante temptes, quam virum invenias bonum. Ne nos inducas in tentationem!
Tempus, Tempo, temporär	Tempus ipsum affert consilium.

tendieren, Tendenz

Ténor, Tenór	Rem tene, verba sequentur!
Tenuis	
	latus – pectus – tergum

Terminus, Term, Termin,
E Terminal ▸terminus ante /
post quem

Terrarium, Territorium, Terrasse, *F* Terrain ▸terra incognita	Fiat voluntas tua, sicut in caelo, et in terra!
	Vestigia terrent.

Terror

Terz, Terzett, Tertial, tertiär	Tertium non datur.
Testimonium	
Testament, Testat, Attest, Protest	Nemo testis idoneus in propria causa.

216 *theatrum*

theātrum, -ī n (gr)	Theater
tibī: tū	
timēre, -uī	(sich) fürchten
timidus, -a, -um	ängstlich, schüchtern
timor, -ōris m	Furcht
toga, -ae f [tegere]	Obergewand, Toga
tolerāre	ertragen, aushalten
tollere, sustulī, sublātum	emporheben; beseitigen
tot unveränderlich	so viele
tōtus, -a, -um	ganz
tractāre [trahere]	behandeln
trādere, -didī, -ditum [dare]	übergeben; überliefern
trā|dūcere	hinüberführen, hinbringen
trahere, trāxī, tractum	ziehen, schleppen
trāicere, -iō, -iēcī, -iectum [iacere]	hinüberwerfen, übersetzen
tranquillus, -a, -um	still, ruhig
trāns + Akk	über (... hinüber), jenseits

trans 217

eatralisch

Quidquid discis, tibi discis.

Multos timere debet, quem
multi timent.
Audaces fortuna iuvat timidosque repellit.

Cedant arma togae!

erieren, tolerabel, Toleranz

Lex lege tollitur.

Quot homines, tot sententiae.

al ▸ in toto   Patria mea totus hic mundus est.

ktieren, Traktat   Sunt pueri pueri, pueri puerilia
tractant.

dieren, Tradition

kt, Traktor, Attraktion, Kon-   Trahit sua quemque voluptas.
raktion, Subtraktion
↔ Addition

ranquilizer   Flumina tranquillissima saepe
sunt altissima.

is-   Caelum, non animum mutant,
qui trans mare currunt.

218 *transferre*

trāns|ferre	*hinübertragen, übertragen*
trānsgredī, -ior, -gressus sum [gradus]	*überschreiten*
trāns|īre, -eō, -iī, -itum	*hinübergehen, überschreiten*
trēs, tria	drei
tribuere, -uī, -ūtum	*zuteilen, zuweisen*
tribūnus, -ī m (mīlitum / plēbis)	(Militär-/Volks-)Tribun
trīstis, -e	*traurig; unfreundlich*
triumphus, -ī m	Triumph(*zug*)
tū (tuī, tibī, tē, ā tē)	du (*deiner, dir, dich, von dir*)
tuērī	*anschauen; schützen*
tulī: ferre	
tum / tunc *Adv*	*damals, dann, da*
tumultus, -ūs m	*Aufruhr, Unruhe*
tunica, -ae f	*Untergewand*, Tunika
turba, -ae f	*Verwirrung; Menge*
turbāre / per|turbāre	*verwirren, stören*
turpis, -e	*hässlich; schändlich*
turris, -is f	Turm

turris 219

ansfer

ansit | Sic transit gloria mundi.

io, Triumvirat, Trikolore | Gallia est omnis divisa in partes tres.

ibus, Tribut, Attribut
ibüne, Tribunal

st

umphieren, Triumph*bogen*,
Lw Trumpf

| Tu fui, ego eris.

tor | Ferrum tuetur principem, melius fides.

| Omne tulit punctum, qui miscuit utile dulci.

| primum – deinde – tum

mult

| Tunica propior pallio est.

rbine, Turbo-, turbulent,
Lw Trubel

| Noli turbare circulos meos!

| Naturalia non sunt turpia.

220　*tutus*

tūtus, -a, -um [tuērī]	*geschützt, sicher*
tuus, -a, -um [tū]	*dein*
tyrannus, -ī *m (gr)*	*Gewaltherrscher,* Tyrann

U

ubī	*wo?*
ubī (prīmum)	*sobald*
ubī|que *Adv*	*überall*
ūllus, -a, -um [↔ n|ūllus]	*irgendein*
ulterior, -ius	*weiter entfernt, jenseitig*
ultimus, -a, -um	*äußerster, letzter*
ultrā *Adv / Präp + Akk*	*jenseits, über … hinaus*
umbra, -ae *f*	*Schatten*
umquam [↔ n|umquam]	*jemals*
ūnā *Adv*	*zusammen, gleichzeitig*
unda, -ae *f*	*Welle, Woge*
unde	*woher?*
undi|que	*von allen Seiten*

undique   221

Melior tutiorque est certa pax
quam sperata victoria.

Tua res agitur.

Usus tyrannus.

Ubi bene, ibi patria.

iquitär

Pauper ubique iacet.

Barbarus hic ego sum, qui non
intellegor ulli.

timatum, Ultimo
▸ultima ratio
ra- ▸non plus ultra

Ultima latet.

Gloria umbra virtutis est.

dine

Quid magis est saxo durum,
quid mollior unda?

unde – ubi – quo? inde – ibi –
eo
Cum moritur dives, concurrunt
undique cives.

222 *universus*

ūniversus, -a, -um [vertere]	*sämtlich, ganz; allgemein*
ūnus, -a, -um	*ein, einzig*
ūnus|quisque, ūnaquaeque, ūnumquodque	*jeder einzelne*
urbānus, -a, -um urbs, urbis *f*	*städtisch; fein, gebildet* *Stadt*
urgēre, -sī	*(be)drängen*
ūsque *Adv* ▶ūsque ad + *Akk*	*ununterbrochen* *bis*
ūsus, -ūs *m* [ūtī]	*Gebrauch; Erfahrung; Nutzen*
ut / utī + *Indikativ* ut / utī + *Konjunktiv*	*wie; sobald* *dass; damit; wenn auch*
ut prīmum	*sobald*
uter, utra, utrum uter-, utra-, utrum|que	*welcher (von beiden)?* *jeder (von beiden)*
ūtī, ūsus sum + *Abl*	*gebrauchen, benützen*
ūtilis, -e	*brauchbar, nützlich*
utinam [ut] + *Konjunktiv*	*(dass) doch, hoffentlich*
utrim|que *Adv* [uter|que] utrum ... an	*von beiden Seiten* *(ob) ... oder*
uxor, -ōris *f*	*Ehefrau, Gattin*

uxor 223

niversal, Universität, Universum	Lex universa est, quae iubet nasci et mori.
nikum, Union, Uniform, unisono	Una salus victis nullam sperare salutem.

ban	urbanus ↔ rusticus
rbi et orbi	Concordia civium murus urbium.

sque ad finem	Quo usque tandem?

us	Usus est magister optimus.

Ut salutaveris, ita salutaberis.
Non facias malum, ut inde fiat bonum.

utrum, neutral	uter – alter – uterque

ensilien	Sic utere tuo, ut alterum non laedas!
litarismus	Omne tulit punctum, qui miscuit utile dulci.

coniux – maritus – uxor

V

vacāre + *Abl*	*frei sein*
vacuus, -a, -um	*leer, frei*
vādere	*gehen, schreiten*
vadum, -ī *n*	*seichte Stelle, Furt*
vae	*wehe!*
valdē *Adv*	*sehr*
valēre, -uī	*stark / gesund sein; gelten, wer* *sein*
valē / valēte	*lebe / lebt wohl!*
valētūdō, -inis *f*	*Gesundheit(szustand)*
validus, -a, -um	*kräftig, gesund*
vallis, -is *f*	*Tal*
vallum, -ī *n*	*Wall*
vānitās, -ātis *f*	*Nichtigkeit; Vergeblichkeit*
vānus, -a, -um	*nichtig; vergeblich*
variātiō, -ōnis *f* / varietās, -ātis *f*	*Verschiedenheit*
varius, -a, -um	*mannigfaltig, verschieden*
vāstāre	*verwüsten*
vāstus, -a, -um	*wüst, öde; (unermesslich) wei*
-ve	*oder*
vehemēns, -ntis	*heftig, energisch*
vehere, vēxī, vectum	*fortbewegen, mit sich führen*
vehī, vectus sum	*sich fortbewegen, fahren*

vehi 225

akant, Vakanz	Nulla aetas vacavit a culpa.
akuum ▸horror vacui	
ademecum, *Lw* waten	Domine, quo vadis?
	Vae victis!
	magnopere / valde – magis – maxime
alenz, äquivalent, Rekonvaleszenz	Contra vim non valet ius.
alet	ave(te) – salve(te) – vale(te)
valide	
allis lacrimarum	
anitas-Motiv	Vanitas vanitatum, omnia vanitas.
ariation, *F* Varieté aria, variieren, variabel, Variable	Variatio delectat.
hement	
hikel, Vektor	

226 *vel*

vel	*oder; sogar, wohl*
▶vel … vel	*entweder … oder*
velle, volō, voluī [mālle, nōlle]	*wollen*
vēlōx, -ōcis	*schnell*
vel|ut(ī)	*wie (zum Beispiel)*
vēndere, -didī, -ditum [dare]	*verkaufen*
venēnum, -ī *n*	*Gift*
venia, -ae *f*	*Nachsicht, Verzeihung*
venīre, vēnī, ventum	*kommen*
venter, ventris *m*	*Bauch*
ventus, -ī *m*	Wind
vēr, vēris *n*	*Frühling*
verbum, -ī *n*	Wort; Verb
vērē *Adv* [vērus]	*wirklich, tatsächlich*
verērī, -itus sum	*(sich) scheuen, fürchten; verehren*
vēritās, -ātis *f* [vērus]	Wirklichkeit, Wahrheit
vērō / vērum	*aber, jedoch*
versārī	*sich aufhalten*
versus, -ūs *m*	*Reihe, Zeile, Vers*
vertere, -tī, -sum	*wenden, drehen*
vērus, -a, -um	*wirklich*, wahr

verus 227

nolens volens	Si vis amari, ama!
(elocitas)	Nihil est annis velocius.
	vendere ↔ emere
venia legendi	Sit venia verbo!
tervention, Prävention	Veni, vidi, vici.
	Plenus venter non studet libenter.
entil, Ventilator	
	ver – aestas – autumnus – hiems
rbal, Adverb, Adverbiale	Verba docent, exempla trahunt.
everenz	Adulescentis est maiores natu vereri.
	Veritas odium parit.
rsiert, Konversation	
rsus (vs.), Version, Inversion, subversiv	Quod Deus bene vertat!
ra, verifizieren, veritabel	Verum gaudium res severa est.

228   *vesper*

vesper, -erī *m*	*Abend*
vester, -tra, -trum [vōs]	*euer*
vestīgium, -iī *n*	*(Fuß-)Spur*
vestis, -is *f*	*Kleid(ung)*
vetāre, -uī, -itum	*verbieten*
vetus, -eris	*alt*
vexāre	*quälen*
via, -ae *f*	*Weg, Straße*
vīcīnus, -a, -um [vīcus]	*benachbart; Nachbar*
vicis *Gen f* (vicem, vice)	*Wechsel; Stelle*
victor, -ōris *m* [vincere] victōria, -ae *f*	*Sieger* *Sieg*
vīcus, -ī *m*	*Dorf; Stadtviertel*
vidēre, vīdī, vīsum	*sehen*
vidērī, vīsus sum ▶vidētur, vīsum est	*scheinen* *es scheint richtig, man beschlie*
vigilāre vigilia, -ae *f*	*wachen* *Wache, Nachtwache*

die / das) Vesper	Quid vesper ferat, incertum est.
	meus – tuus – noster – vester
...nvestigativ	Vestigia terrent.
...nvestition, Investitur, Trans- vestit, Travestie, *Lw* Weste	Vestis virum reddit.
...'eto	Dignum laude virum Musa vetat mori.
...'eteran	Veterrimus homini optimus est amicus.
...'exier*bild*	
...ia, Viadukt ▸Via Sacra	via – iter – limes
	Vicina sunt vitia virtutibus.
...'ize(-) ▸vice versa	
...iktor ...iktoria	Bis vincit, qui se vincit in victoria.
	vicus – colonia – oppidum – urbs
...ideo(-), evident, revidieren, Visier, (audio)visuell, Visum, visualisieren	Veni, vidi, vici.
...ision	Qui tacet, consentire videtur.
...igil	prima / secunda / tertia / quarta vigilia

230 *viginti*

vīgintī	zwanzig
vīlla, -ae *f*	Landhaus, Landgut
vincere, vīcī, victum	(be)siegen
vinculum, -ī *n*	Fessel
vindicāre	beanspruchen; befreien; bestrafen
vīnum, -ī *n*	Wein
violāre	misshandeln, verletzen
violentia, -ae *f*	Gewalt
vir, virī *m*	Mann
vīrēs, -ium *f* [vīs]	Kräfte, Streitkräfte
virgō, -inis *f*	Mädchen, junge Frau, Jungfrau
virtūs, -ūtis *f* [vir]	Tapferkeit, Tüchtigkeit, Tugend
vīs (vim, vī) *f*	Gewalt, Kraft; Menge
vīsere, -sī	besichtigen; besuchen
vīta, -ae *f* [vīvere]	Leben
vītāre	(ver)meiden
vitiōsus, -a, -um	fehlerhaft, lasterhaft
vitium, -iī *n*	Fehler, Laster
vitrum, -ī *n*	Glas

Villa	
Vinzenz	Vincere scis, Hannibal, victoria uti nescis.
	Iniuriam ipse facias, ubi non vindices.
Vinaigrette	In vino veritas.
	Omnia sponte fluant, absit violentia rebus!
ril ↔ feminin, Triumvirat	Arma virumque cano.
	Crescente periculo crescunt vires.
irginia	infans – puella – virgo
rtuos, virtuell	Honos est praemium virtutis.
	Vim vi repellere licet.
isite, (*Leibes-*)Visitation	
ita, vital, Vitamin, *I* dolce vita	Vita somnium breve.
	Dum vitant stulti vitia, in contraria currunt.
irculus vitiosus	
	Vitia virtutibus sunt contraria.
trine ▸in vitro	

232   *vivere*

vīvere, vīxī, vīctum	*leben*
vīvus, -a, -um	*lebend(ig)*
vix *Adv*	*kaum, mit Mühe*
vocāre	*rufen, nennen*
volāre	*fliegen*
volēns: velle, volō, voluī	
voluntās, -ātis *f*	Wille
voluptās, -ātis *f*	*Vergnügen, Lust*
volvere, -vī, volūtum	*drehen, wälzen, rollen; überlegen*
vōs (vestrī / vestrum, vōbīs, vōs, ā vōbīs)	*ihr (euer, euch, euch, von euch)*
vōtum, -ī *n*	*Gelübde; Wunsch*
vōx, vōcis *f* [vocāre]	*Stimme; Wort*
vulgō *Adv*	*massenhaft; allgemein*
vulgus, -ī *n*	*Volk(smasse)*
vulnerāre	*verwunden, verletzen*
vulnus, -eris *n*	*Wunde, Verwundung*
vultus, -ūs *m*	*Miene, Gesichtsausdruck*

vultus 233

ïvat vivace	Vivant sequentes!
	Amare et sapere vix deo conceditur.
okal, Vokabel, Vokativ	
olarium	Verba volant, scripta manent.
Deo volente	Ducunt volentem fata, nolentem trahunt.
oluntativ, Voluntarismus, Volontär	Fiat voluntas tua!
	Trahit sua quemque voluptas.
Volvo«, involvieren, Revolver, Volumen, Konvolut, Revolution	
	Pax vobiscum!
otum, votieren ▸ex voto	
okal ↔ Konsonant ▸sub voce (s. v.)	Vox populi vox Dei.
lgo lgär, Vulgata	Oculi et aures vulgi testes sunt mali.
	Omnes vulnerant, ultima necat. Amoris vulnus idem sanat, qui facit.
	Imago est animi vultus.

Römische Zahlen

	römisch	Grundzahl	Ordnungszahl
1	I	ūnus, -a, -um	prīmus, -a, -um
2	II	duo, duae, duo	secundus / alter
3	III	trēs, tria	tertius
4	IIII / IV	quattuor	quārtus
5	V	quīnque	quīntus
6	VI	sex	sextus
7	VII	septem	septimus
8	VIII	octō	octāvus
9	IX	novem	nōnus
10	X	decem	decimus
11	XI	**ūndecim**	**ūndecimus**
12	XII	duodecim	duodecimus
13	XIII	trēdecim	tertius decimus
14	XIV	quattuordecim	quārtus decimus
15	XV	quīndecim	quīntus decimus
16	XVI	sēdecim	sextus decimus
17	XVII	septendecim	septimus decimus
18	XVIII	duo|dē|vīgintī	duo|dē|vīcēsimus
19	XIX	ūn|dē|vīgintī	ūn|dē|vīcēsimus
20	XX	vīgintī	vīcēsimus
30	XXX	trī**gintā**	trī**cēsimus**
40	XL	quadrāgintā	quadrāgēsimus
50	L	quīnquāgintā	quīnquāgēsimus
60	LX	sexāgintā	sexāgēsimus
70	LXX	septuāgintā	septuāgēsimus
80	LXXX	octōgintā	octōgēsimus
90	XC	nōnāgintā	nōnāgēsimus

Römische Zahlen 235

100	C	centum	centēsimus
200	CC	du**centī**, -ae, -a	du**centēsimus**
300	CCC	trecentī	trecentēsimus
400	CD	quadrin**gentī**	quadrin**gentēsimus**
500	D	quīngentī	quīngentēsimus
600	DC	sescentī	sescentēsimus
700	DCC	septingentī	septingentēsimus
800	DCCC	octingentī	octingentēsimus
900	CM	nōngentī	nōngentēsimus
1000	M	mīlle	mīllēsimus
2000	MM	duo mīlia	**bis** mīllēsimus
3000	MMM	tria mīlia	**ter** mīllēsimus

Zitatenregister

Die Übertragungen ins Deutsche verfolgen das Ziel, in möglichst knapper Form möglichst viel von deren Sinngehalt zu vermitteln. Deshalb wurde gegebenenfalls einem deutschen »Zitatenäquivalent« (in Anführungszeichen) der Vorzug gegeben vor einer wörtlichen Übersetzung. Bei dieser erscheinen, wo möglich, größere sprachliche Abweichungen bzw. punktuelle Erläuterungen in (runden) Klammern.

A

Ab alio exspectes, alteri quod feceris! *Von einem anderen erwarte (das), was du ihm tatest!* »Wie du mir, so ich dir.« • Ab Iove incipiendum. *Bei Jupiter (d. h. beim Wichtigsten) soll man anfangen.* • Abducet praedam, qui occurrit prior. »*Wer zuerst kommt, mahlt zuerst.*« • Accidit in puncto, quod non speratur in anno. »*Unverhofft kommt oft.*« • Accipere quam facere praestat iniuriam. *Unrecht leiden ist besser als Unrecht tun. (Nach Sokrates/Platon.)* • Adulescentis est maiores natu vereri. *Dem Jüngling ziemt es, Älteren Ehrfurcht zu erweisen.* • Adveniat regnum tuum!* → Pater noster … • Adversae res admonent religionum. »*Not lehrt beten.*« • Aequam memento rebus in arduis servare mentem! *Beherzige dies: Gleichmut auch unter schweren Bedingungen zu bewahren.* • Aeris alieni comes miseria. »*Borgen macht Sorgen.*« • Alea iacta est. »*Die Würfel sind gefallen.*« *(Caesar beim Überschreiten des Grenzflusses Rubikon 49 v. Chr., d. h. zu Beginn des Bürgerkriegs gegen Pompeius.)* • Aliena nobis, nostra plus aliis placent. *Fremdes gefällt uns, das Unsere gefällt den anderen mehr.* • Aliis aliud placet. *Jedem gefällt etwas anderes.* • Alter alterius auxilio eget. *Der eine braucht die Hilfe des anderen.* • Alterius non sit, qui suus esse potest! *Einem anderen soll nicht gehören, wer sein eigener Herr sein kann!* • Amantes amentes. »*Verliebt – verdreht.*« • Amare et sapere vix deo conceditur. *Lieben und vernünftig sein ist kaum* *einem Gott verstattet.* • Ames iudicio, non amore iudices! *Liebe mit Urteil, urteile nicht mit Liebe!* • Amicus certus in re incerta cernitur. *»Wahre Freunde erkennt man in der Not.«* • Amicus est tamquam alter ego. *Ein Freund ist gleichsam ein zweites Ich.* • Amicus fidus rarus. *Ein treuer Freund ist selten.* • Amicus Plato, sed magis amica veritas. *Ein Freund ist Platon, aber eine größere Freundin die Wahrheit. (Nach Aristoteles.)* • Amittit famam, qui se indignis comparat. *Seinen guten Ruf verliert, wer sich Unwürdigen gleichstellt.* • Amittit merito proprium, qui alienum appetit. *Zu Recht verliert sein Eigenes, wer nach Fremdem strebt.* • Amore, more, ore, re iunguntur amicitiae. *»Durch Liebe, Sitte, Wort und Gegenstand schließt sich (der) Freundschaft (festes Band).«* • Amoris vulnus idem sanat, qui facit. *Der Liebe Wunde kann nur heilen, der sie schlägt.* • An nescis longas regibus esse manus? *Du weißt doch: »Große Herren haben lange Hände.«* • Animo imperabit sapiens, stultus serviet. *Seinem Gemüt wird der Kluge gebieten, der Tor dienen.* • Aqua et panis est vita canis. *Wasser und Brot – ein Hundeleben.* • Arbor mala, mala mala. *»Der Apfel fällt nicht weit vom Stamm.«* • Arma virumque cano. *Die Waffen(taten) und den Mann besinge ich. (Vergil, Anfang der »Aeneis«; gemeint ist Aeneas.)* • Arma(que) in armatos sumere iura sinunt. *Gegen Bewaffnete Waffen zu ergreifen, gestattet das Recht.* • Aspera disce pati, patientia proderit olim! *Herbes lerne erdulden, Geduld wird einstmals dir nützen!* • Aspiciunt oculis superi mortalia iustis. *Götter schauen mit gerechten Augen auf sterbliche Dinge.* • Auctorem commendat opus. *Einen Autor empfiehlt sein Werk.* • Audaces fortuna iuvat timidosque repellit. *»Dem Kühnen hilft das Glück, den Feigen weist's zurück.«* • Audi multa, loquere pauca! *Höre viel, rede wenig!* • Audiatur et altera pars! *Man soll auch die Gegenpartei anhören!* • Audiendum, deinde audendum. *»Erst wäg's, dann wag's!«* • Audit, quod non vult, qui pergit dicere, quod vult. *Zu hören kriegt, was er nicht will, wer immerzu weiter sagt, was er will.* • Auri sacra fames! *Der verfluchte Hunger nach Gold!* • Auro loquente omnis oratio inanis est. *Wo das Gold spricht, ist jede Rede umsonst.* • Aut bibat

238 Zitatenregister

aut abeat! *Er soll trinken oder weggehen!* • Aut Caesar aut nihil. *»Alles oder nichts.«* • Aut prodesse volunt aut delectare poetae. *Entweder nützen oder erfreuen wollen die Dichter. (Horaz über die Dichtkunst.)* • Avaritia prima scelerum mater. *»Geiz ist die Wurzel alles Übels.«* • Ave, imperator, morituri te salutant. *»Heil dir, Kaiser, die Todgeweihten grüßen dich!« (Gladiatorengruß.)* • Ave Maria! *»Gegrüßet seist du, Maria!« (Mariengebet.)*

B

Barbarus hic ego sum, qui non intellegor ulli. *Hier bin ich der Barbar, der ich von keinem verstanden werde. (Ovid in der Verbannung.)* • Beati possidentes. *Glücklich die Besitzenden.* • Beatus ille, qui procul negotiis. *Glücklich jener, der fern von Geschäften.* • Bella gerant alii, tu, felix Austria, nube! *Kriege mögen andere führen; du, glückliches Österreich, heirate! (Heiratspolitik Kaiser Maximilians I.)* • Bellum omnium contra omnes. *»Krieg aller gegen alle.« (Nach Hobbes.)* • Bellum se ipsum alit. *Der Krieg ernährt sich selbst.* • Bene dormit, qui non sentit, quam male dormiat. *Gut schläft, wer nicht merkt, wie schlecht er schläft.* • Bene vixit, qui bene latuit. *Glücklich lebt(e), wer in glücklicher Verborgenheit lebt(e)! (Vgl. Epikurs Maxime: Lebe zurückgezogen!)* • Bis dat, qui cito dat. *Doppelt gibt, wer schnell gibt.* • Bis vincit, qui se vincit in victoria. *Doppelt siegt, wer sich selbst besiegt im Siege.* • Bonis nocet, qui malis parcit. *Den Guten schadet, wer die Bösen schont.* • Bonus intra, melior exi! *Gut tritt ein, als Besserer geh hinaus! (Tempelinschrift.)*

C

Caelum, non animum mutant, qui trans mare currunt. *Das Klima, nicht seinen Seelenzustand ändert, wer über See geht.* • Calamitas virtutis occasio. *Unglück ist Gelegenheit, Stärke zu beweisen.* • Carpe diem! *Pflücke (nutze / genieße) den Tag!* • Casus ubique valet. *Allenthalben regiert der Zufall.* • Cave canem! *»Vorsicht, bissiger Hund!« (Inschrift an Hauseingängen.)* •

Cave multos, si singulos non times! *»Viele Hunde sind des Hasen Tod.«* • Cedant arma togae! *Der Krieg möge dem Frieden weichen!* • Cedo facit cessi, cécidi cado, caedo cecídi. *(Merkvers für die Perfektbildung von* cedere, cadere *und* caedere*.)* • Celare fraudem fraus est. *Einen Betrug zu vertuschen ist (auch) Betrug.* • Ceterum censeo Carthaginem esse delendam. *Im übrigen bin ich der Meinung / beantrage ich, dass Karthago zerstört werden muss. (Cato d. Ä. zugeschrieben; der 3. Punische Krieg endete mit der Zerstörung Karthagos.)* • Christianos ad leones! *Die Christen vor die Löwen! (Ruf nach Christenverfolgungen in der römischen Kaiserzeit.)* • Citius, altius, fortius. *Schneller, höher, weiter. (Olympische Maxime.)* • Civis Romanus sum. *Ich bin ein römischer Bürger. (Paulus anlässlich seiner Verhaftung in Judäa.)* • Cogito, ergo sum. *Ich denke, also bin ich. (Descartes.)* • Commercium iure gentium commune esse debet. *Der Handel muss nach dem Völkerrecht allen offenstehen.* • Communia inter amicos omnia. *Gemeinsam ist unter Freunden alles.* • Concordia civium murus urbium. *Die Eintracht der Bürger ist ein Bollwerk der Städte.* • Concordia nostra sit perpetua! *Unsere Eintracht möge ewig währen! (Ringinschrift.)* • Confiteor. *Ich bekenne. (Aus der christlichen Liturgie.)* • Constat ad salutem civium inventas esse leges. *Selbstverständlich sind die Gesetze zum Wohle der Bürger erdacht.* • Consuetudo sive bona sive mala est quasi altera natura. *Eine Gewohnheit, sei sie gut, sei sie schlecht, ist wie eine zweite Natur.* • Contra vim non valet ius. *»Gewalt geht vor Recht.«* • Contraria contrariis curantur. *Gegensätzliches wird durch Entgegengesetztes geheilt. (Grundsatz der Allopathie, der »Schulmedizin«.)* • Crescente periculo crescunt vires. *Wächst die Gefahr, so wachsen die Kräfte.* • Crescentem sequitur cura pecuniam. *Wachsendem Reichtum folgt die Sorge.* • Cui bono? *Wem zum Vorteil? / Wem nützt es?* • Cui dolet, meminit. *»Gebranntes Kind scheut das Feuer.«* • Cuius regio, eius religio. *Wessen Gebiet, dessen Religion. (Augsburger Religionsfrieden 1555.)* • Cum eo eo, cum eo eo eo. *Wenn ich dorthin gehe, gehe ich mit ihm dorthin. (Wortspiel zur Unterscheidung von* cum

240   Zitatenregister

[Subjunktion / Präposition] bzw. eo *[Adverb / Verb / Prono-men].)* • Cum moritur dives, concurrunt undique cives. *Wenn ein Reicher stirbt, rennen von allen Seiten die Bürger herbei.* • Cum sis mortalis, quae sunt mortalia, cura! *Da du sterblich bist, kümmere dich um das, was sterblich ist!* • Cum tacent, clamant. *Indem sie schweigen, schreien sie.* • Cum te aliquis laudat, iudex tuus esse memento! *Immer wenn dich jemand lobt, denke daran, selbstkritisch zu sein!* • Cum vitia prosunt, peccat, qui recte facit. *Wenn Fehler nützen, macht der, der recht handelt, etwas falsch.* • Cuncta fluunt. *Alles fließt. (Nach Heraklit.)* • Curia pauperibus clausa est. *Die Kurie ist den Armen verschlossen. / »Arme Leute kochen dünne Suppen.«*

D

Da spatium vitae, multos da, Iuppiter, annos! *Jupiter, gib fürs Leben uns Zeit und gib viele Jahre!* • Damnant, quod non intellegunt. *Man verurteilt, was man nicht versteht.* • De gustibus non est disputandum. *»Über Geschmack lässt sich nicht streiten.«* • De mortuis nil nisi bene. *Über die Toten (soll man) nur gut (reden).* • Deligere oportet, quem velis diligere. *Auswählen muss man, wen man lieben will.* • Dictum factum. *»Gesagt, getan.«* • Dies diem docet. *Ein Tag belehrt den anderen.* • Dignum laude virum Musa vetat mori. *Einen rühmenswerten Mann lässt die Muse nicht sterben.* • Dimitte nobis debita nostra, sicut et nos dimittimus debitoribus nostris! →Pater noster … • Disce aut discede! *»Schufte oder verdufte!«* • Discipulus est prioris posterior dies. *Der nächste Tag ist ein Schüler des vergangenen.* • Dives ubique placet, pauper ubique iacet. *Der Reiche gefällt überall, der Arme fällt überall durch.* • Divide et impera! *»Teile und herrsche!« (D. h. entzweie deine Gegner, um sie einzeln leichter zu beherrschen!)* • Do, ut des. *Ich gebe, damit du gibst. (Prinzip der Gegenseitigkeit.)* • Docendo discimus. *Durch Lehren lernen wir.* • Domine, quo vadis? *Herr, wohin gehst du? (Der Legende nach der Jünger Petrus in einer Vision zu Jesus; Zeitpunkt der ersten großen Christenverfolgung nach*

dem Brand Roms unter Kaiser Nero 64 n. Chr.) • Domus propria domus optima. »Eigener Herd ist Goldes wert.« • Dona nobis pacem! *Gib uns (deinen) Frieden! (Aus der christlichen Liturgie.)* • Donec eris felix (*bei Ovid*: sospes), multos numerabis
amicos. *Solange du wohl(behalten) bist, wirst du viele Freunde
zählen.* • Ducunt volentem fata, nolentem trahunt. *Den Willi-
gen leitet das Schicksal, den Widerstrebenden zieht es (mit sich
fort). (Stoisches Paradox.)* • Dulce et decorum est pro patria
mori. *Süß und ehrenvoll ist es (angeblich), für das Vaterland zu
sterben.* • Dum spiro, spero. *Solange ich atme, hoffe ich.* • Dum
vitant stulti vitia, in contraria currunt. *Während Toren Fehler
vermeiden, rennen sie in die entgegengesetzten.* • Duo cum faciunt idem, non est idem. *Wenn zwei dasselbe tun, ist es nicht
dasselbe.*

E

E duobus malis minus eligendum est. *Von zwei Übeln muss
man das kleinere wählen.* • Ecce homo! *Seht da, der Mensch!
(Pontius Pilatus, auf Jesus weisend; Bibel.)* • Edere oportet, ut
vivas, non vivere, ut edas. *Essen muss man, um zu leben, nicht
leben, um zu essen.* • Ego te absolvo a peccatis tuis. *Ich spreche
dich los von deinen Sünden. (Lossprechungsformel der christlichen Beichte.)* • Eligas, quem diligas! *Wähle (sorgfältig) aus,
wen du erwählst!* • Eram, quod es; eris, quod sum. *Ich war, was
du bist; du wirst sein, was ich bin. (Grabinschrift.)* • Eritis sicut
Deus scientes bonum et malum. *Ihr werdet sein wie Gott und
wissen, was gut und böse ist. (Die Schlange zu Eva; Bibel.)* • Errare humanum est. *»Irren ist menschlich.«* • Esse quam videri
bonus malebat. *Er wollte lieber gut sein als scheinen. (Sallust
über Cato d. J.)* • Est avis in dextra melior quam quattuor extra.
»Lieber den Spatz in der Hand als die Taube auf dem Dach.« •
Est modus in rebus, sunt certi denique fines. *Es gibt ein Maß in
den Dingen, es gibt letztlich feste Grenzen.* • Et tu, Brute? – Et
tu, mi fili! *Auch du, Brutus? – Auch du, mein Sohn! / »Auch du,
mein Sohn Brutus?« (Caesar bei seiner Ermordung 44 v. Chr.)* •

242　Zitatenregister

Etiam qui faciunt, oderunt iniuriam. *Auch die es begehen, hassen das Unrecht.* • Etiam sine lege poena est conscientia. *Auch ohne Gesetz gibt es Strafe: das Gewissen.* • Eventus stultorum magister. *Das Ergebnis ist der Lehrmeister der Dummen.* • Ex fructu cognoscitur arbor. *An seiner Frucht erkennt man den Baum.* • Ex iniuria non oritur ius. *Aus Unrecht entsteht kein Recht.* • Ex nihilo nihil. »*Von nichts kommt nichts.*« • Ex oriente lux. *Aus dem Osten (kommt) das Licht.* • Exegi monumentum. *Ein (dauerhaftes) Denkmal habe ich errichtet. (Horaz über seine Dichtung.)*

F

Faciendum id nobis, quod parentes imperant. *Das müssen wir tun, was die Eltern befehlen.* • Fama crescit eundo. *Das Gerücht wächst mit seiner Verbreitung.* • Fama nihil est celerius. *Nichts ist schneller als ein Gerücht.* • Familias conservari publice interest. *Die Familien zu erhalten liegt im öffentlichen Interesse.* • Fas est et ab hoste doceri. *Man darf sich auch vom Feind belehren lassen.* • Fatetur facinus is, qui iudicium fugit. *Eine Untat bekennt der, der das Gericht flieht.* • Felix, quem faciunt aliena pericula cautum. *Glücklich ist, wen fremde Gefahren vorsichtig machen.* • Felix, qui potuit rerum cognoscere causas. *Glücklich, wem es gelang, die Prinzipien des Seins zu erkennen.* • Felix, qui, quod amat, defendere fortiter audet. *Glücklich, wer, was er liebt, mutig zu verteidigen wagt.* • Fer firme; facilis fiet fortuna ferendo. *Ertrage standhaft; leicht wird das Schicksal, wenn man es erträgt.* • Fere libenter homines id, quod volunt, credunt. *Die Menschen glauben das, was sie wollen, in der Regel gern.* • Ferrum tuetur principem, melius fides. *Den Fürst schützt sein Schwert, besser aber die Treue.* • Festina lente! »*Eile mit Weile!*« • Fiat iustitia, et pereat mundus! *Es werde Gerechtigkeit – mag auch die Welt (daran) zugrunde gehen! (Prinzip der Gerechtigkeit um jeden Preis.)* • Fiat lux! »*Es werde Licht!*« *(Aus der biblischen Schöpfungsgeschichte.)* • Fiat voluntas tua, sicut in caelo, et in terra! →Pater noster … • Finis coronat

Zitatenregister 243

opus. »*Ende gut, alles gut.*« • Flectitur iratus voce rogante deus. *Erweichen lässt sich im Zorn durch eine bittende Stimme ein Gott.* • Flumina et portus publica sunt. *Flüsse und Häfen sind öffentlich.* • Flumina tranquillissima saepe sunt altissima. *»Stille Wasser gründen tief.«* • Fortes fortuna adiuvat. *»Dem Tapferen hilft das Glück.«* • Fortiter in re, suaviter in modo. *Energisch in der Sache, sanft in der Form.* • Fortuna non mutat genus. *Das Glück ändert nichts an der Herkunft.* • Fratrum quoque gratia rara est. *»Brüder bleiben selten einig.«*

G

Gallia est omnis divisa in partes tres. *Gallien insgesamt ist in drei Teile geteilt. (Anfang des »Bellum Gallicum« von Caesar.)* • Gaudeamus igitur, iuvenes dum sumus! *Freuen wir uns also, solange wir jung sind! (Studentenlied.)* • Gaudia principium nostri sunt saepe doloris. *Freuden sind oft der Beginn unseres Schmerzes.* • Gloria in excelsis Deo! *Ehre (sei) Gott in der Höhe! (Aus der christlichen Liturgie.)* • Gloria Patri et Filio et Spiritui Sancto! *»Ehre sei dem Vater und dem Sohn und dem Heiligen Geist!« (Aus der christlichen Liturgie.)* • Gloria umbra virtutis est; etiam invitam comitabitur. *Ruhm ist der Schatten der Leistung; auch gegen ihren Willen wird er sie begleiten.* • Gloria virtutem tamquam umbra sequitur. *Ruhm folgt auf Tüchtigkeit gleichsam wie ein Schatten.* • Gratia gratiam parit. *Der Erweis einer Gefälligkeit erzeugt Dank.* • Graviore culpa gravior poena. *Je schwerer die Schuld, desto schwerer die Strafe.* • Gutta cavat lapidem non vi, sed saepe cadendo. *»Steter Tropfen höhlt den Stein« nicht durch Gewalt, sondern häufiges Fallen.*

H

Hannibal ante portas (*bei Livius:* ad portas). *Hannibal vor den Toren! (Bedrohung Roms im 2. Punischen Krieg nach der Niederlage bei Cannae 216 v. Chr.)* • Hic Rhodus, hic salta! *Hier ist Rhodos, hier springe! (D. h. zeige, womit du prahlst! Nach Aesops*

244   *Zitatenregister*

Fabel vom prahlerischen Fünfkämpfer.) • Historia vitae magi-stra. *Die Geschichte ist die Lehrmeisterin des Lebens.* • Histori-am nescire, hoc est semper puerum esse. *Die Geschichte nicht kennen, das heißt immer ein Kind bleiben.* • Hoc signo vinces. *In diesem Zeichen wirst du siegen. (Kaiser Konstantin soll 312 n. Chr. die Vision eines Kreuzes gehabt haben.)* • Hodie mihi, cras tibi. »*Heute ich, morgen du.« (Grabinschrift.)* • Hominem experiri multa paupertas iubet. *Armut heißt die Menschen viele Erfahrungen machen.* • Hominem te esse memento! → Respice post te … • Homines amplius oculis quam auribus credunt. *Die Menschen glauben eher ihren Augen als ihren Ohren.* • Ho-mines ne ex veste aestimemus! *Wir sollten die Menschen nicht nach ihrer Kleidung beurteilen!* • Homines, quo plura habent, eo cupiunt ampliora. *Je mehr die Menschen besitzen, desto mehr begehren sie.* • Hominis est errare. *Es ist typisch für den Men-schen, dass er irrt.* • Hominum causa omne ius constitutum est. *Der Menschen wegen ist jedes Recht gesetzt.* • Homo doctus in se semper divitias habet. *Ein gelehrter Mensch hat seine Schätze immer bei sich.* • Homo homini deus. *Der Mensch ist dem Men-schen ein Gott. (Nach stoischer Lehre.)* • Homo homini lupus. *Der Mensch ist dem Menschen ein Wolf. (D. h. ein Feind; Hobbes nach Plautus.)* • Homo proponit, sed Deus disponit. »*Der Mensch denkt, Gott lenkt.«* • Homo sum; humani nil a me ali-enum puto. *Ich bin ein Mensch; nichts Menschliches nenne ich mir fremd. (Bekenntnis zur Menschlichkeit nach Terenz.)* • Ho-nesta res est laeta paupertas. *Eine ehrenhafte Sache ist fröhliche Armut.* • Honores mutant mores. *(Häufige) Ehrungen ändern den Charakter.* • Honos alit artes. »*Kunst will Gunst.«* • Honos est praemium virtutis. *Ehre ist der Lohn der Tüchtigkeit.* • Ho-nos habet onus. »*Keine Würde ohne Bürde.«* • Horas non nu-mero nisi serenas. *Ich zähle nur die heiteren Stunden. (Inschrift auf einer Sonnenuhr.)* • Humanum amare est, humanum autem ignoscere est. *Lieben ist menschlich, Verzeihen aber auch.* • Hu-milis nec alte cadere nec graviter potest. *Wer am Boden ist, kann weder tief noch schwer stürzen.*

Zitatenregister 245

I

Idem velle atque idem nolle, ea demum firma amicitia est. *Dasselbe wollen und dasselbe nicht wollen, das erst ist feste Freundschaft.* • Ignis aurum probat, miseria fortes viros. *Das Feuer prüft das Gold, das Elend die tapferen Männer.* • Imago animi sermo est; qualis vir, talis oratio. *Ein (Spiegel-)Bild der Seele ist die Sprache; wie der Mann, so die Rede.* • Imago est animi vultus. *Ein Spiegel der Seele ist das Gesicht.* • Impedit ira animum, ne possit cernere verum. *Der Zorn hindert daran, die Wirklichkeit wahrzunehmen.* • Imperare sibi maximum imperium est. *Sich selbst zu beherrschen ist die größte Herrschaft.* • Improbe Amor, quid non mortalia pectora cogis! *Amor, du Schuft, wozu nicht zwingst du die Herzen der Menschen!* • In dubio pro reo iudicandum est. *Im Zweifelsfalle ist für den Angeklagten zu entscheiden.* • In dulci iubilo. *In süßem Jubel. (Weihnachtslied.)* • In magnis et voluisse sat est. *»Wo es Großes gibt, ist schon das Wollen von Wert.«* • In oculis animus habitat. *»Die Augen sind der Spiegel der Seele.«* • In rebus dubiis plurimi est audacia. *In unsicherer Lage ist am meisten wert der Wagemut.* • In vino veritas. *Im Wein (liegt) Wahrheit.* • Incidit in Scyllam, qui vult vitare Charybdim. *Es gerät an die Skylla, wer Charybdis vermeiden will.* • Iniuriam ipse facias, ubi non vindices. *Wenn man ein Unrecht nicht verfolgt, begeht man es möglicherweise selbst.* • Inopiae desunt multa, avaritiae omnia. *Der Armut fehlt es an vielem, der Habgier an allem.* • Interest rei publicae (= Gen), quod homines conserventur. *Es liegt im Interesse des Staates, dass Menschen(leben) erhalten werden.* • Invidia gloriae comes. *Neid ist Begleiter des Ruhms.* • Invitat culpam, qui peccatum praeterit. *Wer ein Vergehen unbeachtet lässt, lädt zu (neuem) Schuldigwerden ein.* • Ira furor brevis est. *Zorn ist eine kurze Raserei.* • Ista quidem vis est. *Das ist ja Gewalt! (Caesar bei seiner Ermordung an den Iden des März 44 v. Chr.)* • Ite, missa est! *»Gehet hin in Frieden!« (Aus der christlichen Liturgie.)* • Iucundi acti labores. *»Nach getaner Arbeit ist gut ruh'n.«*

246   Zitatenregister

L

Lata sententia iudex desinit esse iudex. *Ist das Urteil ergangen,
so endet das Richteramt.* • Leges breves esse oportet, quo facili-
us ab imperitis teneantur. *Gesetze müssen kurz sein, damit sie
leichter von Unkundigen erfasst werden.* • Leve fit, quod bene
fertur, onus. *Leicht wird eine Last, wenn sie gut getragen wird.* •
Lex iniusta non est lex. *Ein ungerechtes Gesetz ist kein Gesetz.* •
Lex lege tollitur. *Ein Gesetz kann nur per Gesetz aufgehoben
werden.* • Lex universa est, quae iubet nasci et mori. *Es gibt ein
allgemeines Gesetz, demzufolge alles entstehen und vergehen
muss.* • Libenter homines id, quod volunt, credunt. → Fere ... •
Libera nos a malo! → Pater noster ... • Libri amici, libri magi-
stri. *Bücher sind Freunde, Bücher sind Lehrer.* • Ludit in huma-
nis divina potentia rebus. *Es treibt in den menschlichen Angele-
genheiten eine göttliche Macht ihr Spiel.* • Lupus in fabula.
»*Wenn man den Wolf (Esel/Teufel) nennt, kommt er gerennt.*«

M

Magis illa iuvant, quae pluris emuntur. *Mehr erfreut das, was
teurer erkauft wird.* • Maiorum gloria posteris quasi lumen est.
*Der Vorfahren Ruhm ist den Nachfahren gleichsam eine Leuch-
te.* • Mali homines peiore exemplo ad pessimum facinus incitant. *Böse Menschen regen durch ihr (allzu) schlechtes Beispiel
zu den übelsten Taten an.* • Malis mala succedunt. »*Ein Unglück kommt selten allein.*« • Malorum poena praesidium est
bonis. *Der Bösen Bestrafung ist ein Schutz für die Guten.* • Manus manum lavat. »*Eine Hand wäscht die andere.*« • Me vestigia terrent. *Die Spuren (der umgekommenen Vorgänger) schre-
cken mich ab. (In Aesops Fabel wagt sich der Fuchs nicht in die
»Höhle des Löwen«.)* • Media vita in morte sumus. »*Mitten im
Leben sind wir vom Tod umfangen.*« • Medicus curat, natura
sanat. *Der Arzt kuriert, die Natur macht heil. (Nach Hippokrates.)* • Melior tutiorque est certa pax quam sperata victoria.
*Besser und sicherer ist ein handfester Frieden als ein erhoffter
Sieg.* • Memento mori! *Bedenke(, dass du einmal) zu sterben*

(hast)! • Memini tui, memento mei! *Ich denke dein (an dich), denk du mein (an mich)! (Ringinschrift.)* • Meminisse dulce est, quae fuit durum pati. *Süß ist es, sich zu erinnern an das, was hart zu ertragen war.* • Memoria minuitur, nisi eam exerceas. *Das Gedächtnis nimmt ab, wenn man es nicht übt.* • Mens agitat molem. *Der Geist bewegt die Masse.* • Mens sana in corpore sano. →Orandum est, ut sit … • Metiri iniquum est commodo suo omnia. *Alles nach dem eigenen Vorteil zu bemessen ist ungerecht.* • Minima non curat praetor. *Um Kleinigkeiten kümmert sich der Prätor (das Gericht) nicht.* • Minimum malum fit contemnendo maximum. *Das kleinste Übel wird durch Missachtung riesengroß.* • Moribus antiquis res stat Romana virisque. *Auf alt(ehrwürdig)e Bräuche und Männer ist der römische Staat gegründet.* • Morituri te salutant. →Ave, imperator … • Mors certa, hora incerta. *Der Tod ist gewiss, die Stunde ungewiss. (Uhreninschrift.)* • Mors laborum ac miseriarum quies est. *Der Tod ist ein Ausruhen von Mühsal und Elend.* • Mortem effugere nemo potest. *Dem Tod kann niemand entrinnen.* • Multa ante temptes, quam virum invenias bonum. *Lang muss man suchen, bevor man einen Guten findet.* • Multa petenti desunt multa. *Wer viel will, dem fehlt (es an) viel(em).* • Multae manus onus levant. »*Viele Hände machen schnell ein Ende.*« • Multorum opera res turbantur. »*Viele Köche verderben den Brei.*« • Multos timere debet, quem multi timent. *Viele muss fürchten, wen viele fürchten.* • Mundus vult decipi, ergo decipiatur! *Die Welt will betrogen sein, also sei sie betrogen!*

N

Nam et ipsa scientia potestas est. *Auch Wissen an sich ist nämlich Macht.* • Nam vita morti propior est cotidie. *Denn täglich ist das Leben näher am Tod.* • Natura duce errare nullo modo possumus. *Unter der Führung der Natur können wir uns keineswegs verirren.* • Natura est paucis contenta. *Die Natur ist mit wenigem zufrieden.* • Naturalia non sunt turpia. *In der Natur gibt es nichts Hässliches (Schändliches). (Nach Diogenes.)* •

Navigare necesse est, vivere non est necesse. *Zur See fahren muss man, leben nicht.* • Ne bis in idem! *Nicht zweimal gegen dasselbe (Vergehen ein Verfahren anstrengen)!* • Ne gloriari libeat alienis bonis! *Man möge sich fremder Güter nicht rühmen!* • Ne Iupiter quidem omnibus placet. *»Allen Menschen recht getan, ist eine Kunst, die niemand kann.«* • Ne nos inducas in tentationem!* →Pater noster ... • Ne quid nimis! *Nichts im Übermaß! (Nach einem delphischen Spruch.)* • Nec mortem effugere quisquam nec amorem potest. *Dem Tod und der Liebe kann niemand entgehen.* • Necessitas caret lege. *»Not bricht kein Gebot.«* • Necessitati parendum. *»Not bricht Eisen.«* • Neminem laedit, qui suo iure utitur. *Niemanden verletzt, wer von seinem Recht Gebrauch macht.* • Nemo ante mortem beatus. *Niemand (kann) vor seinem Tode glücklich (genannt werden). (Vgl. Solons Warnung an Kroisos bei Herodot.)* • Nemo iudex, nemo testis idoneus in propria causa. *Niemand eignet sich in eigener Sache als Richter oder Zeuge.* • Nemo nascitur sapiens, sed fit. *Niemand wird als Weiser geboren, man wird dazu.* • Nemo nostrum non peccat. *Jeder von uns macht Fehler.* • Nemo potest personam diu ferre. *Niemand kann auf die Dauer eine Maske tragen.* • Nemo punitur pro alieno delicto. *Niemand wird bestraft für ein fremdes Vergehen.* • Nemo sorte sua contentus est. *Niemand ist mit seinem Los zufrieden.* • Nemo testis idoneus in propria causa. →Nemo iudex ... • Nervus rerum gerendarum pecunia. *Alles dreht sich ums Geld.* • Nihil agendo homines male agere discunt. *»Müßiggang ist aller Laster Anfang.«* • Nihil est ab omni parte beatum. *Nichts ist in jeder Hinsicht ein Glück.* • Nihil est annis velocius. *Nichts ist schneller als die Jahre.* • Nihil novi sub sole. *Nichts Neues unter der Sonne.* • Nihil sine causa fit. *Nichts geschieht ohne Grund.* • Nihil utilius sale et sole. *Nichts Nützlicheres als Salz und Sonne.* • Nil admirari. *(Man sollte) sich nicht beeindrucken (und dadurch aus der Fassung bringen) lassen.* • Nil durare potest tempore perpetuo. *Nichts kann ewig bestehen.* • Nil nocere. *(Dem Patienten) in keiner Hinsicht schaden. (Nach Hippokrates.)* • Nil sine magno vita labore dedit mortalibus. *»Alles im*

Leben hat seinen Preis.« • Nitimur in vetitum semper cupimus-que negata. *Wir trachten immer nach Verbotenem und begeh-ren, was uns verwehrt ist.* • Nocere facile est, prodesse difficile. *Schaden ist leicht, nützen schwer.* • Noli me tangere! *Rühr mich nicht an! (Der auferstandene Jesus zu Maria Magdalena; Bi-bel.)* • Noli turbare circulos meos! *»Störe (Zerstöre) meine Krei-se nicht!« (212 v. Chr. angeblich Archimedes im eroberten Syra-kus während des 2. Punischen Krieges zu einem feindlichen Soldaten.)* • Nomen est omen. *»Der Name sagt alles.«* • Non curatur, qui curat. *Nicht wird geheilt, wer Sorgen hat.* • Non est ad astra mollis e terris via. *Der Weg von der Erde zu den Ster-nen ist nicht sanft.* • Non est beatus, esse qui se non putat. *Nicht ist glücklich, wer es nicht glaubt zu sein.* • Non facias ma-lum, ut inde fiat bonum. *Man kann nicht Schlechtes tun, damit daraus Gutes entsteht.* • Non ignara mali miseris succurrere disco. *Wohl mit Leiden vertraut, lern' ich, den Armen zu hel-fen.* • Non omne, quod licet, honestum est. *Nicht alles, was er-laubt ist, ist (auch) ehrenhaft.* • Non omnis moriar. *Ich werde nicht ganz sterben. (Horaz über seinen Nachruhm.)* • Non opi-bus mentes hominum curaeque levantur. *Nicht durch Reich-tum lassen sich Bedenken und Sorgen der Menschen erleich-tern.* • Non scholae, sed vitae discimus. *Nicht für die Schule, sondern fürs Leben lernen wir. (Bei Seneca heißt es allerdings vorwurfsvoll:* Non vitae, sed scholae discimus.*)* • Non sunt fa-cienda mala, ut eveniant bona. *Schlechtes darf man nicht tun mit der Absicht, dass daraus Gutes entstünde.* • Nondum omni-um dierum sol occidit. *»Noch ist nicht aller Tage Abend.«* • Nosce te ipsum! *Erkenne dich selbst! (Nach einem delphischen Spruch.)* • Nova artificia docet fames. *Hunger lehrt neue Kunst-stücke.* • Novos amicos dum paras, veteres cole! *Während du (dir) neue Freunde erwirbst, pflege die (Freundschaft zu den) al-ten!* • Novus rex, nova lex. *Neuer König, neues Gesetz.* • Nulla aetas vacavit a culpa. *Kein Zeitalter ohne Schuld.* • Nulla poena sine lege. →Nullum crimen … | Nulla salus bello. *Kein Heil ist im Krieg.* • Nullum crimen, nulla poena sine lege. *Kein Verbre-chen, keine Strafe ohne (vorher erlassenes) Gesetz.* • Nullum est iam dictum, quod non sit dictum prius. *Es gibt nichts mehr zu sagen, was nicht schon früher gesagt wäre.* • Nullus est liber tam malus, ut non aliqua parte prosit. *Kein Buch ist so schlecht, dass es nicht auf irgendeine Art nützen könnte.* • Numquam est fidelis cum potente societas. *Niemals ist verlässlich die Gemeinschaft mit einem Mächtigen.* • Nunc est bibendum. *Jetzt muss man trinken. (Horaz nach Kleopatras Tod 30 v. Chr.)* • Nunc vino pellite curas! *Nun vertreibt eure Sorgen mit Wein!*

O

O matre pulchra filia pulchrior! *O Tochter, schöner als die schöne Mutter!* • O mihi praeteritos referat si Iuppiter annos! *O brächte mir Jupiter die vergangenen Jahre zurück!* • O nomen dulce libertatis! *O süßer Name Freiheit!* • O tempora, o mores! *O Zeiten, o Sitten! (Cicero als Konsul 63 v. Chr.)* • O vita, misero longa, felici brevis! *O Leben, dem Elenden lang, dem Glücklichen kurz!* • Oculi et aures vulgi testes sunt mali. *Augen und Ohren des Volkes sind schlechte Zeugen.* • Oculi plus vident quam oculus. *»Vier Augen sehen mehr als zwei.«* • Oderint, dum metuant! *Sollen sie (mich nur) hassen, solange sie (mich nur) fürchten! (Tyrannenspruch.)* • Odi et amo. *Ich hasse und liebe. (Catull.)* • Omne initium difficile. *»Aller Anfang ist schwer.«* • Omne nimium nocet. *»Allzu viel ist ungesund.«* • Omne tulit punctum, qui miscuit utile dulci. *Jeden Punkt gewinnt, wer das Nützliche mit dem Angenehmen verbindet. (Horaz über die Dichtkunst.)* • Omnes homines aequales sunt. *Alle Menschen sind (vor dem Gesetz) gleich.* • Omnes vulnerant, ultima necat. *Alle (Stunden) verwunden, die letzte tötet. (Uhreninschrift.)* • Omnia deficiant, animus tamen omnia vincit. *Mag auch alles vergehen, der Geist siegt doch über alles.* • Omnia mea mecum porto. *Meine ganze Habe trage ich bei mir. (Bias beim Verlassen seiner eroberten Heimatstadt.)* • Omnia mutantur, nihil interit. *Es wandelt sich alles, nichts vergeht.* • Omnia praeclara rara. *Alles Vortreffliche ist selten.* • Omnia sponte fluant, absit violentia rebus! *Alles fließe von selbst, fern möge Ge-*

waltsamkeit bleiben! (Wahlspruch des Comenius.) • Omnia vincit amor, et nos cedamus amori! *Alles bezwingt die Liebe; beugen auch wir uns ihrer Macht!* • Omnium enim rerum initia parva sunt. *Aller Dinge Beginn nämlich ist unscheinbar.* • Ora et labora, Deus adest sine mora! *Bete und arbeite, Gott ist da, ohne zu säumen! (Wahlspruch des Benediktinerordens.)* • Orandum est, ut sit mens sana in corpore sano. *Man muss darum beten, dass ein gesunder Geist in einem gesunden Körper wohne. (Juvenal.)* • Otia dant vitia. *»Müßiggang ist aller Laster Anfang.«*

P

Pacta sunt servanda. *Verträge müssen eingehalten werden.* • Panem nostrum cottidianum da nobis hodie! → Pater noster … • Paribus delictis par imponenda est poena. *Gleiche Vergehen sind gleich zu bestrafen.* • Parva domus, magna quies. *Kleines Haus, große Ruhe.* • Parva domus, parva cura. *Kleines Haus, kleine Sorge.* • Pater noster, qui es in coelis, sanctificetur nomen tuum, adveniat regnum tuum, fiat voluntas tua sicut in coelo et in terra, panem nostrum cottidianum da nobis hodie, et dimitte nobis debita nostra, sicut et nos dimittimus debitoribus nostris, et ne nos inducas in tentationem, sed libera nos a malo! *»Vater unser(, der du bist) im Himmel, geheiligt werde dein Name. Dein Reich komme. Dein Wille geschehe, wie im Himmel, so auf Erden. Unser tägliches Brot gib uns heute. Und vergib uns unsere Schuld, wie auch wir vergeben unseren Schuldigern. Und führe uns nicht in Versuchung, sondern erlöse uns von dem Bösen!« (Das christliche Vaterunser aus der Vulgata ist heute der meistzitierte längere lateinische Text weltweit.)* • Pater, peccavi in caelum et coram te. *Vater, gesündigt habe ich gegen den Himmel und vor dir. (Biblisches Gleichnis vom verlorenen Sohn.)* • Pati necesse est multa mortales mala. *Die Menschen müssen viel Schlimmes erdulden.* • Patria mea totus hic mundus est. *Meine Heimat ist diese ganze Welt. (Kosmopolitismus der Stoiker.)* • Pauper ubique iacet. → Dives ubique placet … •

252 Zitatenregister

Pax vobiscum! »*Der Friede (sei) mit euch!*« *(Christlicher Friedensgruß.)* • Pecunia non olet. »*Geld stinkt nicht.*« *(Kaiser Vespasians Urinsteuer.)* • Pecuniae oboediunt omnia. »*Geld regiert die Welt.*« • Per angusta ad augusta. »*Durch Gedränge zum Gepränge.*« • Per aspera ad astra. *Durch unwegsames Gelände zu den Sternen / Auf steinigem Weg zum Erfolg.* • Periculose excitatur leo. »*Gefährlich ist's, den Leu zu wecken.*« • Periculum in mora! »*Gefahr im Verzug!*« • Pestis in amicitia pecuniae cupiditas. »*Geldgier ist das Grab der Freundschaft.*« • Plenus venter non studet libenter. »*Voller Bauch studiert nicht gern.*« • Potius sero quam numquam. *Lieber spät als nie.* • Praesenti ne credas fortunae! *Vertraue nicht dem momentanen Glück!* • Principiis consentiant exitus! *Der Ausgang passe zum Anfang!* • Principiis obsta! »*Wehre(t) den Anfängen!*« • Prior tempore, potior iure. »*Wer zuerst kommt, mahlt zuerst.*« • Privatum commodum publico cedit. »*Gemeinnutz geht vor Eigennutz.*« • Probus invidet nemini. *Der Redliche beneidet niemanden.* • Procul a Iove, procul a fulmine. *Fern von Jupiter (heißt) fern vom Blitz. / »Gehe nicht zu deinem Fürst, wenn du nicht gerufen wirst!«* • Prodenda, quia prodita. *Zu überliefern, weil überliefert. (Nach Herodot.)* • Profecto fortuna in omni re dominatur. *Das Glück herrscht wirklich in allem.* • Proximus est sibi quisque. »*Jeder ist sich selbst der Nächste.*« • Punitur, ne peccetur, non quia peccatum est. *Bestraft wird, damit nicht gesündigt wird, nicht weil gesündigt wurde. (Vorbeugung versus Vergeltung.)* • Puras Deus, non plenas aspicit manus. *Reine Hände, nicht volle schaut Gott an.*

Q

Quae publice fiunt, nulli licet ignorare. *Was in der Öffentlichkeit geschieht, geht alle an (darf niemand ignorieren).* • Quale opus, tale praemium. *Wie das Werk, so der Lohn.* • Qualis avis, talis cantus. *Wie der Vogel, so der Sang.* • Qualis rex, talis grex. »*Wie der Herr, so's Gescherr.*« • Qualis vir, talis oratio. → Imago animi sermo est ... • Quam quisque norit (= noverit) artem, in hac se exerceat! *Jeder übe sich in der Kunst, die er kennt! / »Schuster, bleib bei deinem Leisten!«* • Quanto altius ascendit homo, lapsus tanto altius cadet. *Je höher ein Mensch hinaufsteigt, desto tiefer kann er beim Sturz fallen.* • Quem di diligunt, adulescens moritur. *»Jung stirbt, wen die Götter lieben.«* • Quem pastores laudavere (= laudaverunt). *Den die Hirten lob(e)ten (sehre). (Weihnachtlicher Wechselgesang, »Quempas-Singen«.)* • Qui amant, ipsi sibi somnia fingunt. *Liebende ersinnen sich selber Traumbilder.* • Qui dedit beneficium, taceat; narret, qui accepit! *Es schweige, wer eine gute Tat vollbracht hat; es rede (der), der sie empfing!* • Qui multum habet, plus cupit. *Wer viel hat, will mehr.* • Qui nimis probat, nil probat. *Wer zu viel beweist (beweisen will), beweist nichts.* • Qui pingit florem, floris non pingit odorem. *Wer eine Blume malt, malt nicht den Duft der Blume.* • Qui se excusat, accusat. *Wer sich entschuldigt, beschuldigt sich.* • Qui tacet, consentire videtur. *Wer schweigt, scheint zuzustimmen.* • Quibusdam beneficia dormientibus deferuntur. *»Den Seinen gibt's der Herr im Schlaf.«* • Quid est civitas nisi iuris societas civium? *Was ist ein Staat, wenn nicht ein Rechtsverbund der Bürger?* • Quid faciant leges, ubi sola pecunia regnat? *Was könn(t)en Gesetze ausrichten, wo nur das Geld regiert?* • Quid magis est saxo durum, quid mollius unda? *Was ist härter als Stein, (und) was ist weicher als Welle(n)?* • Quid sit futurum cras, fuge quaerere! *Was morgen sein wird, meide zu fragen!* • Quid tibi pecunia opus est, si ea uti non potes? *Was brauchst du Geld, wenn du es nicht gebrauchen kannst?* • Quid vesper ferat, incertum est. *»Man soll den Tag nicht vor dem Abend loben.«* • Quidquid agis, prudenter agas et respice finem! *Was du auch tust, das tu überlegt und bedenke das Ende!* • Quidquid discis, tibi discis. *Alles, was du lernst, lernst du für dich.* • Quidquid erit, superanda omnis fortuna ferendo est. *Was immer sein wird, zu bewältigen ist jedes Schicksal, indem man es erträgt.* • Quidquid id est, timeo Danaos et dona ferentes. *Was auch immer es sei, ich fürchte die Danaer (Griechen), selbst wenn sie Geschenke bringen. (Laokoons Warnung.)* • Quieta non movere! *»Keine schlafenden Hun-*

254 *Zitatenregister*

de wecken!« • Quis, quid, ubi, quibus auxiliis, cur, quomodo, quando? *Wer, was, wo, womit, warum, wie, wann? (Merkvers für Aufsätze.)* • Quis tulerit Gracchos de seditione querentes? *Wer kann es ertragen, wenn (Leute wie) die Gracchen über Aufruhr klagen? (Juvenal über Revolutionäre.)* • Quo usque tandem abutere (= abuteris), Catilina, patientia nostra? *Wie lange denn noch, Catilina, willst du unsere Geduld missbrauchen? (Cicero als Konsul 63 v. Chr.)* • Quo vadis? →*Domine …* • Quod dare non possis, noli promittere verbis! *Was du nicht geben kannst, sollst du nicht versprechen!* • Quod Deus bene vertat! *Was Gott zum Guten wenden möge!* • Quod differtur, non aufertur. *»Aufgeschoben ist nicht aufgehoben.«* • Quod dubites, ne feceris! *Woran du Zweifel hegst, lass bleiben!* • Quod erat demonstrandum (= q. e. d.). *»Was zu beweisen war.« (Nach Euklid.)* • Quod in iuventute non discitur, in matura aetate nescitur. *»Was Hänschen nicht lernt, lernt Hans nimmermehr.«* • Quod latet, ignotum est; ignoti nulla cupido. *Was verborgen ist, ist unbekannt. / »Was ich nicht weiß, macht mich nicht heiß.«* • Quod lege permittente fit, poenam non meretur. *Was mit Zustimmung des Gesetzes geschieht, verdient keine Strafe.* • Quod licet Iovi, non licet bovi. *Was Jupiter erlaubt ist, ist einem Rindvieh (noch lange) nicht erlaubt. / »Eines schickt sich nicht für alle.«* • Quod nocet, docet. *»Aus Schaden wird man klug.«* • Quod non legitur, non creditur. *Was man nicht liest, glaubt man nicht.* • Quod non vetat lex, hoc vetat fieri pudor. *Was das Gesetz nicht verbietet, das verbietet der Anstand.* • Quod satis est, cui contingit, nihil amplius optet! *Wem zuteil wird, was genügt, der sollte nichts weiter wünschen!* • Quod scripsi, scripsi. *Was ich geschrieben habe, habe ich geschrieben. (Antwort des Pontius Pilatus auf die Aufforderung der jüdischen Priester, nicht die Inschrift* »Iesus Nazarenus Rex Iudaeorum [= INRI]« *– »Jesus aus Nazareth, König der Juden« – auf das Hinrichtungskreuz zu setzen; Bibel.)* • Quod tibi fieri non vis, alteri ne feceris! *»Was du nicht willst, dass man dir tu, das füg (auch) keinem andern zu!« (Die ›Goldene Regel‹.)* • Quot caelum stellas, tot habet tua Roma puellas. *Wie viele Sterne der Himmel, so* *viele Mädchen hat dein Rom.* • Quot capita, tot sensus. *So viele Köpfe, so viele Wahrnehmungen.* • Quot homines, tot sententiae. *So viele Menschen, so viele Meinungen.* • Quot servi, tot hostes. *So viele Sklaven, so viele Feinde.* • Quousque tandem? → Quo usque ...

R

Rara sunt cara. *Seltenes ist kostbar.* • Ratio legis est anima legis. *Der Sinn eines Gesetzes ist sein Leben.* • Ratione, non vi vincenda adulescentia est. *Mit Gründen, nicht Gewalt lässt sich die Jugend gewinnen.* • Rectius vivas oportet, ut beatius vivas. *Besser leben musst du, um glücklicher zu leben.* • Relata refero. *Ich berichte, was berichtet wurde. (Nach Herodot.)* • Rem tene, verba sequentur. *Halte die Sache fest, die Worte stellen sich dann schon ein.* • Repetitio est mater studiorum. *»Übung macht den Meister.«* • Requiescat in pace! (= RIP) *Er / Sie ruhe in Frieden! (Grabinschrift.)* • Res publica est res populi. *Das Gemeinwesen ist Sache des Volkes.* • Respice post te, hominem te esse memento! *Schau hinter dich und bedenke, dass (auch) du (nur) ein Mensch bist! (Mahnung an den Triumphator.)* • Ridendo dicere verum. *Bei Horaz:* Ridentem dicere verum quid vetat? *Lachend die Wahrheit sagen, was verbietet es?* • Roganti melius quam imperanti pareas! *Gehorche lieber einem, der bittet, als einem, der befiehlt!* • Roma locuta, causa finita. *Rom hat gesprochen, die Sache ist erledigt. (Nach Augustinus.)*

S

Salus populi suprema lex esto! *Das Wohl des Volkes sei das oberste Gesetz!* • Sanctificetur nomen tuum! → Pater noster ... • Sapere aude! *Habe Mut, dich deines Verstandes zu bedienen!* • Sat celeriter fit, quidquid fit satis bene. *»Gut Ding will Weile haben.«* • Saxa loquuntur. *Die Steine sprechen.* • Scribere scribendo, dicendo dicere disces. *Schreiben lernt man durch Schreiben, reden durch Reden.* • Semper aliquid haeret. *Etwas* *bleibt immer hängen (bei Verleumdungen).* • Semper avarus eget. *Der Gierige hat immer Mangel.* • Sero venientes male sedentes. *»Den Letzten beißen die Hunde.«* • Sero venientibus ossa. *»Wer nicht kommt zur rechten Zeit, der muss sehn, was übrigbleibt.«* • Si Deus pro nobis, quis contra nos? *Wenn Gott für uns ist, wer ist (dann) gegen uns?* • Si libet, licet. *»Erlaubt ist, was gefällt.«* • Si tacuisses, philosophus mansisses. *Hättest du geschwiegen, wärest du ein Philosoph geblieben (d. h. du hättest für weise gehalten werden können).* • Si vis amari, ama! Wenn du geliebt werden willst, liebe!* • Si vis pacem, para bellum! *Wenn du Frieden willst, rüste zum Krieg!* • Sibi quisque maxime consulit. *Jeder sorgt für sich selbst am besten.* • Sic orimur, sic vivimus, sic morimur. *So entstehen wir – so leben wir – so vergehen wir. (Inschrift auf einer Sonnenuhr.)* • Sic transit gloria mundi. *So vergeht der Glanz der Welt. (Mahnung an den neugewählten Papst vor seiner Krönung; zu diesen Worten wird ein Bündel Flachs verbrannt.)* • Sic utere tuo, ut alterum non laedas! *So gebrauche das Deine, dass du einen anderen nicht verletzt!* • Similia similibus curantur. *Gleiches wird durch Gleiches geheilt. (Grundsatz der Homöopathie.)* • Similis simili gaudet. *»Gleich und gleich gesellt sich gern.«* • Simulare certe est hominis. *Sich zu verstellen ist gewiss typisch für den Menschen.* • Sine doctrina vita est quasi mortis imago. *Ohne Bildung ist das Leben gleichsam ein Abbild des Todes.* • Sine ira et studio. *Ohne Zorn und Eifer; ohne Abneigung und Zuneigung (d. h. objektiv, unparteiisch). (Maxime der Geschichtsschreibung des Tacitus.)* • Sit tibi terra levis (= STTL) mollique tegaris arena! *Leicht soll die Erde dir sein und weicher Sand dich bedecken! (Grabinschrift.)* • Sit venia verbo! *Das Wort finde Nachsicht!* • Sol omnibus lucet. *Die Sonne scheint allen.* • Sole oriente fugiunt stellae. *Beim Aufgang der Sonne verschwinden die Sterne.* • Soli Deo gloria (= S. D. G.)! *Gott allein die Ehre! (Signum am Anfang oder Ende künstlerischer Werke, besonders des Mittelalters und der Barockzeit.)* • Somnus imago mortis. *Der Schlaf ist ein Abbild des Todes.* • Spectatum veniunt, veniunt spectentur ut ipsae. *Um zu schauen, kommen sie, sie kommen, um selbst* *gesehen zu werden (die Zuschauerinnen).* • Spes alit et fallit. *»Hoffen und Harren macht manchen zum Narren.«* • Stabat mater dolorosa. *Es stand die schmerzensreiche Mutter (Jesu am Kreuz). (Marienlied.)* • Stulti timent fortunam, sapientes ferunt. *Die Dummen fürchten das Schicksal, die Klugen ertragen es.* • Stultum facit Fortuna, quem vult perdere. *Zum Toren macht das Schicksal, wen es verderben will.* • Suae quisque fortunae faber est. *»Jeder ist seines Glückes Schmied.«* • Sum, quod eris; quod es, ante fui. *Ich bin, was du sein wirst; was du bist, war ich davor. (Grabinschrift.)* • Summum ius summa iniuria. *Höchstes Recht (d. h. auf die Spitze getriebenes Recht kann) höchstes Unrecht (bedeuten).* • Sunt lacrimae rerum. *Die Dinge haben ihre Tränen.* • Sunt pueri pueri, pueri puerilia tractant. *Kinder sind Kinder, und Kinder treiben Kindereien.* • Suo iure uti nemo prohibetur. *Von seinem Recht Gebrauch zu machen, wird niemand gehindert.* • Sustine et abstine! *»Ertrage und entsage!« / »Leide und meide!« (Nach Epiktet.)* • Suum cuique. *»Jedem das Seine.«* • Suum cuique pulchrum. *»Jedem Narren gefällt seine Kappe.«*

T

Tam de se iudex iudicat quam de reo. *Ein Richter richtet über sich ebenso wie über den Angeklagten.* • Tantae molis erat Romanam condere gentem. *So großer Mühe bedurfte es, das Römergeschlecht zu gründen.* • Tantum religio potuit suadere malorum. *So viel Übles vermochte die Religion zu raten. (Lukrez.)* • Te prodet facies, turpiter cum facies. *Dein Gesicht wird dich verraten, wenn du schändlich handelst.* • Tempora mutantur, et nos mutamur in illis. *Die Zeiten ändern sich, und wir ändern uns mit ihnen.* • Tempus ipsum affert consilium. *»Kommt Zeit, kommt Rat.«* • Tertium non datur. *Eine Drittes gibt es nicht.* • Tolle, lege! *»Nimm und lies!« (Losorakel nach Augustinus: Die Bibel an irgendeiner Stelle aufschlagen.)* • Trahit sua quemque voluptas. *Einen jeden bestimmt seine persönliche Vorliebe.* • Tu fui, ego eris. *Ich war du, du wirst ich sein. (Grabinschrift.)* • Tu

258 Zitatenregister

regere imperio populos, Romane, memento! *Richte du deinen Sinn darauf, Römer, die Völker mit Staatsgewalt zu lenken! (Roms Herrschaftsauftrag nach Vergil.)* • Tua res agitur. *Es geht um deine Sache.* • Tunica propior pallio est. *»Das Hemd ist (einem) näher als der Rock.«*

U

Ubi amici, ibi opes. *Wo Freunde, da Reichtum / Macht.* • Ubi bene, ibi patria. *Wo (es einem) gut (geht), da (ist) das Vaterland.* • Ubi iudicat, qui accusat, vis, non lex valet. *Wo urteilt, wer anklagt, regiert Gewalt, nicht Gesetz.* • Ultima latet. *Die letzte (Stunde) ist verborgen. (Uhreninschrift.)* • Una salus victis nullam sperare salutem. *Eine einzige Hoffnung (gibt es) für die Besiegten: keine Rettung zu erhoffen.* • Unus homo nobis cunctando restituit rem. *Ein einziger Mann hat uns durch seine Hinhaltetaktik den Staat wiederhergestellt. (Q. Fabius Maximus Cunctator im 2. Punischen Krieg 217 v. Chr.)* • Usus est magister optimus. *»Übung macht den Meister.«* • Usus tyrannus. *»Die Macht der Gewohnheit.«* • Ut desint vires, tamen est laudanda voluntas. *Wenn auch die Kräfte fehlen, so ist doch der Wille zu loben.* • Ut salutaveris, ita salutaberis. *»Wie man in den Wald hineinruft, so schallt es heraus.«* • Ut sis nocte levis, sit tibi cena brevis! *Damit dir in der Nacht nichts schwer im Magen liegt, iss am Abend wenig!*

V

Vae victis! *Wehe den Besiegten! (Brennus nach seinem Sieg gegen die Römer 387 v. Chr.)* • Vanitas vanitatum, omnia vanitas. *Eitelkeit der Eitelkeiten, alles ist eitel.* • Vare, redde legiones! *Varus, gib (mir) die Legionen wieder! (Klageruf des Kaisers Augustus auf die Nachricht von der verlorenen Schlacht im Teutoburger Wald 9 n. Chr.)* • Variatio delectat. *Abwechslung erfreut.* • Velocem tardus assequitur. *»Gut Ding will Weile haben.«* • Veni, vidi, vici. *Ich kam, ich sah, ich siegte. (Caesar* *nach einem Blitzsieg in Kleinasien 47 v. Chr.)* • Verba docent, exempla trahunt. *Worte belehren, Beispiele reißen mit.* • Verba volant, scripta manent. *Worte verfliegen, Geschriebenes bleibt.* • Veritas odium parit. *Wahrheit erzeugt Hass.* • Veritatem dies aperit. *»Die Sonne bringt es an den Tag.«* • Veritatis sermo est simplex. *Die Wahrheit spricht eine einfache Sprache.* • Verum gaudium res severa est. *Wahre Freude ist eine ernsthafte Angelegenheit.* • Vestigia terrent. →Me … • Vestis virum reddit. *»Kleider machen Leute.«* • Veterrimum homini optimus est amicus. *»Ein alter Freund ist besser als zwei neue.«* • Via hostibus, qua fugiant, munienda est. *Dem fliehenden Feind soll man »goldene Brücken bauen«.* • Vicina sunt vitia virtutibus. *Fehler sind die Nachbarn der Tugenden.* • Vicinus bonus ingens bonum. *»Ein guter Nachbar ist ein edel Kleinod.«* • Vim vi repellere licet. *Gewalt darf man mit Gewalt bekämpfen.* • Vincere scis, Hannibal, victoria uti nescis. *Zu siegen verstehst du, Hannibal, den Sieg zu nutzen verstehst du nicht. (Vorwurf gegen Hannibal nach dessen Sieg bei Cannae im 2. Punischen Krieg 216 v. Chr.)* • Virum bonum natura, non ordo facit. *Seine Natur, nicht sein Stand macht einen guten Mann aus.* • Vis legibus inimica. *Gewalt ist mit den Gesetzen verfeindet.* • Vita brevis, ars longa. *Kurz ist das Leben, lang die Kunst. (Nach Hippokrates.)* • Vita somnium breve. *Das Leben ist ein kurzer Traum.* • Vitia virtutibus sunt contraria. *Fehler sind (den) Tugenden entgegengesetzt.* • Vivant sequentes! *Die Nachfolgenden mögen hoch leben!* • Vivat, crescat, floreat! *Er / Sie lebe, wachse und gedeihe! (Glückwunschformel.)* • Vox audita perit, littera scripta manet. *Das gehörte Wort vergeht, der geschriebene Buchstabe bleibt.* • Vox populi vox Dei. *Volkes Stimme Gottes Stimme.*

Namenverzeichnis

AENEAS Trojaner, Ahnherr der Römer.

AESKULAP Aesculapius, Gott der Medizin, griechisch: Asklepios [Äskulapstab, -natter].

AMOR Liebesgott, griechisch: Eros [Amorette].

APOLL(ON) Apollo, griechisch-römischer Gott des Lichtes und der Weissagung, Anführer der Musen [apollinisch ↔ dionysisch].

ARA PACIS »Altar des Friedens«, dem ›Friedenskaiser‹ Augustus vom Senat geweihter Altar.

ARCHIMEDES Um 287–212 v. Chr., griechischer Mathematiker und Physiker.

ARISTOTELES 384–322 v. Chr., griechischer Philosoph, Schüler Platons.

AESOP 6. Jh. v. Chr., griechischer Fabeldichter.

AUGUSTIN(US) 354–430 n. Chr., Kirchenlehrer.

AUGUSTUS Ursprünglich Octavi(an)us, 63 v. Chr. – 14 n. Chr., erster römischer Kaiser [August].

AUSTRIA Österreich [A].

BACCHUS Gott des Weines, griechisch: Dionysos [Bacchanal].

BIAS 6. Jh. v. Chr., einer der Sieben Weisen.

BRENNUS Führer der Gallier bei der Eroberung Roms 387 v. Chr. [Brenner].

BRUTUS 85–42 v. Chr., einer der Mörder Caesars.

CAESAR Gaius Iulius Caesar, 100 – 15. März 44 v. Chr., römischer Politiker, Feldherr und Schriftsteller [Cäsaren, Kaiser, Zar; Juli].

CANNAE Ort im Südosten der Apenninenhalbinsel an der Adria.

CATILINA 108–62 v. Chr.; seine Umsturzpläne wurden 63 v. Chr. von Cicero als Konsul vereitelt [catilinarische Existenz].

CATO DER ÄLTERE »Censorius«, 234–149 v. Chr.

CATO DER JÜNGERE »Uticensis«, 95–46 v. Chr., Gegner Caesars.

CATULL Um 84 – nach 55 v. Chr., römischer Lyriker.

CERES Göttin des Ackerbaus, griechisch: Demeter [Zerealien].

CHRISTIANUS Christlich; Subst: Christ [Christi(a)n(e)].

CHRISTUS (gr) »Der Gesalbte«, Beiname Jesu [Christ, Christa].

CICERO 106–43 v. Chr., römischer Redner, Politiker und Schriftsteller.

CIRCUS MAXIMUS Älteste und größte Rennbahn in Rom.

COMENIUS 1592–1670, tschechischer Pädagoge und Philosoph.

Namenverzeichnis 261

CUNCTATOR   Beiname des Q. Fabius Maximus, 217 v. Chr. Diktator.
CUPIDO   Liebesgott im Gefolge der Venus.

DANAER   Die Griechen vor Troja [Danaergeschenk].
DELPHI   Stadt in Südgriechenland, wichtigste antike Orakelstätte.
DESCARTES   René Descartes, 1596–1650, französischer Philosoph.
DIANA   Göttin der Jagd, griechisch: Artemis [Diana, Diane].
DIOGENES   4. Jh. v. Chr., griechischer Philosoph.

EPIKTET   Um 50 – um 130 n. Chr., griechischer Philosoph.
EPIKUR   341–270 v. Chr., griechischer Philosoph [Epikureer].
EUKLID   Um 365–300 v. Chr., griechischer Mathematiker.
EVA   Frau Adams im Schöpfungsbericht der Bibel.

FORTUNA   Glücksgöttin.
FORUM ROMANUM   Senke zwischen Kapitol und Palatin in Rom, Zentrum des öffentlichen Lebens.

GRACCHEN   Tiberius Gracchus (162–133 v. Chr.) und Gaius Gracchus (153–121 v. Chr.), Volkstribunen.
GRAECUS   Griechisch; *Subst:* Grieche [Graecum].

HANNIBAL   247–183 v. Chr., karthagischer Feldherr.
HERAKLIT   Um 540–480 v. Chr., griechischer Philosoph.
HERODOT   Um 484–425 v. Chr., griechischer Historiker, »Vater der Geschichtsschreibung«.
HIPPOKRATES   Um 460–370 v. Chr., griechischer Arzt [hippokratischer Eid].
HOBBES   Thomas Hobbes, 1588–1679, englischer Philosoph.
HORAZ   65–8 v. Chr., römischer Lyriker.

IMPERIUM ROMANUM   Das römische Weltreich, größte Ausdehnung unter Kaiser Trajan um 117 n. Chr.

JESUS VON NAZARETH   *Gen* Jesu, »Christus«, im Jahr 33 (?) gekreuzigt [Jesuitenorden].
JUNO   Iuno, Göttermutter, griechisch: Hera [Juni].
JUPITER   Iup(p)iter, Iovis, Göttervater, griechisch: Zeus [Iovis dies ~ *Donars Tag* > *Donnerstag*; jovial].
JUVENAL   Um 60–140 n. Chr., römischer Satirendichter.

262   *Namenverzeichnis*

KALENDEN   Der Monatserste. Bei der römischen Datierung zählte man die Tage nicht durch, sondern orientierte sich an drei monatlichen Fixtagen, von denen aus zurückgerechnet wurde; dabei zählten der Fixtag und der zu datierende Tag mit. Neben den Kalenden waren das die Iden (Monatsmitte: der 15. im März, Mai, Juli, Oktober, sonst der 13.) und die Nonen (der »neunte« Tag vor den Iden: der 7./5.). »Griechische Kalenden« bezeichnen den »St.-Nimmerleins-Tag«.

KARTHAGO   Carthago, -inis *f*, Stadt (der Punier) in Nordafrika.

KLEOPATRA   69–30 v. Chr., ägyptische Königin.

KONSTANTIN DER GROSSE   Römischer Kaiser 306–337 [Konstantinopel].

KROISOS   Bis 547/546 v. Chr., reicher Lyderkönig [Krösus].

LAOKOON   Trojanischer Priester, warnte seine Landsleute vor dem ›Danaergeschenk‹, dem hölzernen Pferd.

LATINUS   Latinisch, lateinisch [Latinum].

LIVIUS   59–17 n. Chr., römischer Historiker.

LUKREZ   96–55 v. Chr., römischer Dichter und Philosoph.

LUNA   Mondgöttin, griechisch: Selene [Lunae dies: *Mondtag > Montag*].

MARIA   Mutter Jesu.

MARIA MAGDALENA   Anhängerin Jesu.

MARS   Kriegsgott, griechisch: Ares [Martis dies ~ *Zius Tag > Dienstag*; martialisch, März].

MAXIMILIAN I.   1508–1519 römisch-deutscher Kaiser.

MERKUR   Mercurius, Götterbote, griechisch: Hermes [Mercurii dies *(Mittwoch)*].

MINERVA   Göttin der Klugheit und des Kampfes, griechisch: Athene.

MUSA *(gr)*   Eine der »neun Musen«, Göttinnen des Gesangs, der Künste und Wissenschaften [Musik, Museum].

NEPTUN(US)   Meeresgott, griechisch: Poseidon.

NERO   Römischer Kaiser 54–68 n. Chr.

OVID   43 v. Chr. – 18 n. Chr., römischer Dichter.

PAULUS   Hebräisch: Saulus, um 10 – um 64 n. Chr., bedeutendster Missionar des Urchristentums.

Namenverzeichnis 263

PETRUS *(gr)* Simon »Petrus«, einer der zwölf Apostel, erster Papst.
PLATO(N) 427–347 v. Chr., griechischer Philosoph, Schüler des Sokrates [platonische Liebe].
PLAUTUS Um 250–184 v. Chr., römischer Komödiendichter.
PLUTO(N) Göttlicher Herrscher der Unterwelt, griechisch: Hades.
POMPEIUS 106–48 v. Chr., römischer Politiker und Feldherr.
PONTIFEX MAXIMUS Der Vorgesetzte aller römischen Priester.
PONTIUS PILATUS Römischer Statthalter in Judäa im Jahr der Kreuzigung Jesu.
PROSERPINA Unterweltsgöttin, griechisch: Persephone.
PUNIER Karthager.

REGIA Domus Regia, Dienstgebäude des Pontifex maximus auf dem Forum Romanum.
RHODOS *(gr)* Griechische Insel.
ROM(A) Hauptstadt des Imperium Romanum.
ROMANUS Römisch; *Subst:* Römer [Roman, Romanik, Romantik, Romanze, Rumänisch].
RUBIKON Grenzflüsschen zwischen Italien und der Provinz »Gallia Cisalpina«.

SALLUST 86–35 v. Chr., römischer Historiker.
SATURN(US) Altrömischer Gott, Vater des Jupiter, dem griechischen Kronos gleichgesetzt [Saturni dies *(Samstag)*; Saturnalien].
SCYLLA UND CHARYBDIS Klippe bzw. Strudel in der Meerenge von Messina.
SENECA Um 4 n. Chr. – 65 n. Chr., römischer Staatsmann, Philosoph und Schriftsteller.
SOKRATES 470–399 v. Chr., griechischer Philosoph.
SOL Sonnengott, griechisch: Helios [Solis dies: *Sonntag*].
SOLON Um 640–560 v. Chr., athenischer Politiker und Dichter.
STOIKER Griechisch-römische Philosophenschule [stoisch].

TACITUS Um 54–120 n. Chr., römischer Historiker.
TARQUINIUS SUPERBUS Letzter römisch-etruskischer König, um 510 v. Chr. aus Rom vertrieben.
TERENZ Um 195–159 v. Chr., römischer Komödiendichter.
TROJA Stadt an den Dardanellen, Schauplatz des Trojanischen Krieges [Trojaner].

264　*Namenverzeichnis*

VARUS Römischer Feldherr, unterlag 9 n. Chr. in der Schlacht im Teutoburger Wald.

VENUS Göttin der Liebe, griechisch: Aphrodite [Veneris dies ~ *Freyas Tag* > *Freitag*].

VERGIL(US) 70–19 v. Chr., römischer Epiker.

VESPASIAN(US) Römischer Kaiser 69–79 n. Chr.

VESTA Göttin des Herdfeuers, griechisch: Hestía [Vestalin].

VIA CRUCIS »Kreuzweg«. Der Weg von Jerusalem bis zur Kreuzigungsstätte Jesu; heute vielerorts Andachtsweg.

VIA SACRA Über die Heilige Straße auf dem Forum Romanum führte der Triumphzug zum Kapitol.

VULCANUS Gott der Schmiedekunst, griechisch: Hephaistos [Vulkan].

VULGATA Die Übersetzung der Bibel ins Lateinische durch den Kirchenlehrer Hieronymus um 400.